KB236200

민족정기를 드높인 대한국인

안중근 리더십

박정태 지음

최선을 다하라
Do your best

머리말

영웅의 리더십을 보여준 위대한 거인巨人

"내가 죽은 뒤, 나의 뼈를 하얼빈공원 곁에 묻어 두었다가, 우리나라의 국권이 회복되거든 고국으로 반장返葬(객사한 사람을 고향으로 옮겨다 장사지내는 것)해다오. 나는 천국에 가서도 우리나라의 독립과 국권 회복을 위해 힘쓸 것이다. 너희들은 고국으로 돌아가서 동포에게 각각 나라에 대해 책임을 지고, 국민의 의무를 다하여 마음을 같이하고, 힘을 합하여 공로를 세우고, 업을 이루도록 일러다오. 대한 독립의 소리가 천국에 들려오면, 나는 춤추며 만세를 부를 것이다."

안중근 의사가 만주 땅 뤼순여순 감옥에서 32세로 순국하기 직전에 정근, 공근 두 동생에게 남긴 말입니다.

우리나라의 독립을 위해 일본 침략주의에 대항하여 싸운 안중근 의사는 조선 말기 대한제국 시대인 1905년, 일본이 우리나라를 보호하여 준다는 허울 좋은 구실 아래 을사늑약을 강제로 맺고 우리나라의 외교권을 빼앗은 뒤 식민통치의 굴레를 다져갈 때 그 원흉을 저격한 민족의 큰 영웅입니다.

안중근 의사는 어린 시절의 이름이 '응칠'입니다. 살림이 넉넉한 집안에서 태어났지만, 결코 거만하지 않았습니다. 16세 때 천주교에 입문하여 '토마스'라는 세례명을 받았고, 신학문과 프랑스어를 배우기 시작했으며, 을사늑약 이후에는 학교를 설립하여 인재를 양성하는 데도 힘썼습니다.

독립운동을 펼치던 안중근은, 1909년 10월 26일 러시아 재무장관 코코프체프와 회담하기 위해 만주 하얼빈에 도착한 이토 히로부미를 저격 사살하고, 순국한 애국지사입니다.

안중근 의사는 민족의 원수인 일본의 이토 히로부미를 사살하고, 현장에서 체포되어 일본 경찰에게 심한 고문을 당하고, 일본 법정에서 6차례의 재판을 받은 뒤, 1910년 3월 26일 뤼순 감옥에서 사형당했습니다. 파주출판도시에는 안중근 의사의 아명을 딴 응칠교應七橋가 있습니다. "하루라도 책을 읽지 않으면 입안에 가시가 돋는다."로 대표되는 안중근 의사의 정신을 기리기 위해 출판도시를 가로지르는 갈대 샛강에 세워졌습니다. 필자는 응칠교를 지날 때마다 마음이 숙연해지곤 합니다.

안중근 의사가 뤼순 감옥에서 쓴 《동양평화론》은 해박한 지식과 투철한 애국심이 가득 담긴 이야기로, 당시의 역사적 현실을 정확히 분석했다는 평을 받았습니다.

재판 시작 7일 만에 사형 선고를 받은 아들에게 "너는 조선인 모두의 공분公憤을 짊어지고 가는 것이니, 항소하지sss 마라. 그것은 일제日帝에 목숨을 구걸하는 짓"이라고 격려한 어머니, 그런 어머니의 뜻에 따라 항소하지 않고 담담히 사형을 받아들인 민족의 아들이었습니다. 어차피 살아나올 수 없는 몸이니 떳떳하게 죽음을 택하라고 한 어머니, 나라를 위해 대단히 큰일을 한 아들을 격려하는 어머니의 마지막 편지는 많은 사람의 가슴을 파고들며 크나큰 감동을 안겨 주었습니다.

민족의 영웅 안중근 의사는 온몸을 던져 침략의 원흉인 이토 히로부미를 저격한 위대한 항일 독립투사이자, 나라의 독립과 민족을 사랑하는 숭고한 정신을 몸소 보여준 민족의 큰 스승이었습니다.

1962년 정부는 안중근 의사에게 '대한민국 건국공로훈장 중장'을 추서하여 위대한 업적을 기렸습니다.

구국의 지도자로 항일 투사이자 애국지사로 소중한 목숨을 국민에게 바친 안중근 의사의 탁월한 리더십과 남다른 구국 정신을 어린이와 청소년들이 배워서 미래의 주인공으로서, 국가와 민족의 동량으로서의 꿈과 희망을 키워가기 바랍니다.

2013년 가을, 박 정 태

목차

머리말 · · · · · · · · · · · · · · · 03

| 영웅의 리더십

세계가 놀란 저격 · · · · · · · · · · · 18

치밀한 계획 · · · · · · · · · · 28

어머니의 편지 · · · · · · · · · · · 37

감동의 메아리 · · · · · · · · · · 42

뮈텔 주교에게 보낸 전보 · · · · · · · · · · 47

II 탁월한 리더십

동양 평화 사상 · · · · · · · · · · · · · · · 56

국권 회복 운동 · · · · · · · · · · · · · · · 61

백 년 앞을 내다보며 · · · · · · · · · · · 67

국민계몽운동 · · · · · · · · · · · · · · · · 74

상하이로 가다 · · · · · · · · · · · · · · · 78

III 실행의 리더십

의병 활동	88
난적들과의 싸움	94
독립군 참모중장	101
뜻밖의 봉변	108
약손가락 자르고 단지 동맹	111

IV 정직한 리더십

출생과 집안 내력 · · · · · · · · · · · 120

할아버지의 교훈 · · · · · · · · · · · 127

천주교 세례를 받고 · · · · · · · · · · 132

전리품 사건 · · · · · · · · · · · · · 138

진실한 믿음 · · · · · · · · · · · · · 147

V 강력한 리더십

최후의 법정 진술 · · · · · · · · · · · · 156

마지막 가는 길 · · · · · · · · · · · · · 162

앞서 가는 시대정신 · · · · · · · · · · · 167

영웅의 길 · · · · · · · · · · · · · · · · 173

추모의 물결 · · · · · · · · · · · · · · · 178

VII 불멸의 리더십

숭고한 영혼	182
영원한 거인	188
위대한 발자취	191
빛나는 유묵들	195
주요 유묵 해설	198

아들에게 보낸 어머니의 편지 아들이 어머니에게 드린 유서	212
안중근 의사 연보	214

안중근安重根 의사義士

- 출생 : 황해도 해주시 광석동 수양산 아랫마을에서,

  1879년 9월 2일 출생 - 1910년 3월 26일 순국

- 이름 : 어릴 때 응칠應七, 결혼 후 중근重根으로 고침

  세례명은 토마스

- 본관 : 순흥順興, 고려 시대 유학자 안향安珦의 26대손

- 직업 : 교육가, 군인, 독립운동가, 정치 사상가

- 경력 : 대한제국 의병 참모중장, 특파 독립대장,

  아령지구 군사령관, 육군 중장

- 부인 : 김아려金亞麗

- 부모 : 아버지 안태훈, 어머니 조 마리아의 3남 1녀 중 장남

- 장남 : 문생文生, 연해주로 피신하였다가 사망

- 차남 : 준생俊生, 1952년 사망. 혜화동 천주교 공원묘지에 안장

- 손자 : 웅호雄浩, 차남의 아들로 유일한 손자

- 동생 : 정근, 독립운동가, 1949년 상하이에서 사망

  공근, 독립운동가, 1939년 사망 추정

  성녀, 독립운동가, 1954년 사망, 부산 천주교 묘지 안장

- 서훈 : 1962년 대한민국 건국공로훈장 중장重章 추서

내가 이토를 죽인 이유

- 한국의 명성황후를 시해한 죄

- 한국의 황제를 폐위시킨 죄

- 을사늑약과 7조약을 강제로 맺은 죄

- 무고한 한국인을 학살한 죄

- 한국의 정권을 강제로 빼앗은 죄

- 철도, 광산, 산림, 천택을 강제로 빼앗은 죄

- 한국의 군대를 해산시킨 죄

- 한국의 교육을 방해한 죄

- 한국인의 외국 유학을 금지시킨 죄

- 교과서를 압수하여 불태워 버린 죄

- 한국인이 일본의 보호를 받고자 한다고 세계에 거짓말한 죄

- 한국인에 대한 일본의 살육이 계속되는 데도 태평하다고
  일본 천황을 속인 죄

- 동양의 평화를 깨뜨린 죄

- 일본 천황의 아버지 태황제를 죽인 죄

◆ 그리고 또 있다. 이토가 살아 있는 한 동양 평화를 어지럽게 하고 한국과 일본이 멀어지기 때문에 한국의 의병중장 자격으로 죄인 이토를 처단한 것이다. 나는 한일 양국이 더 친밀해지고, 평화롭게 다스려지며 나아가서 오대주에도 모범이 돼 줄 것을 희망한다. 결코, 이토를 오해하고 죽인 것은 아니다.

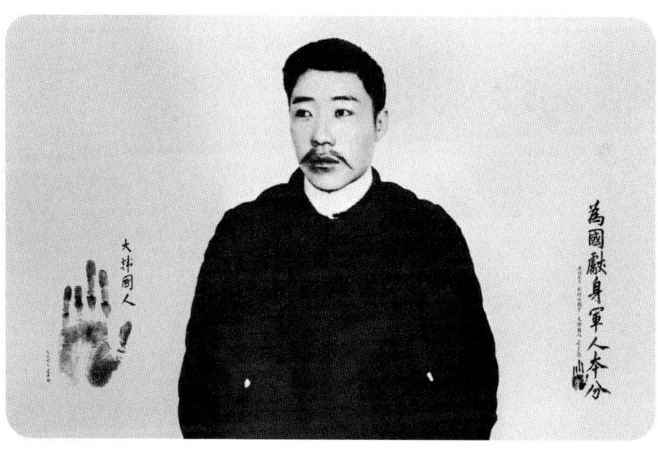

영웅의 리더십

01 세계가 놀란 저격

'인류의 행복과 미래'를 위해 자신의 몸을 바친 '민족의 영웅' 안중근은 우덕순·조도선·유동하 등과 결사대를 조직하고, 침략의 원흉 이토 히로부미를 저격狙擊한다는 목표 아래 철저하게 준비하고 있었다.

마침내 준비된 거사가 눈앞으로 다가왔다. 침략의 원흉 이토 히로부미가 만주 하얼빈에 온다는 정보를 입수하였다. 신문에 '일본 이토와 러시아 재무장관 코코프체프, 하얼빈에서 회견, 1909년 10월 26일 도착'이라는 기사가 실렸다.

안중근은 이 소식을 보도한 대동공보 이강李剛 기자의 도움을 받아 우덕순·조도선·유동하와 함께 하얼빈에 도착했다.

당초 계획은 동청철도의 출발지인 남창춘 콴청쯔 역과 도착지인 하얼빈 역, 차이자거우 역 등 4곳 중에서 한 곳을 선택하여 암살을 시도하려고 생각하였으나 자금과 인력이 부족하여 도착지인 하얼빈 역에서 암살하기로 계획을 변경하였다.

만일을 위해 우덕순과 조도선은 차이자거우 역으로 이동하고, 안중근은 하얼빈 역에서 공격하기로 하였다. 그런데 차이자거우 역 주변에서는 러시아 경비병의 경비가 너무 삼엄하여 거사 계획을 포기하였다.

마침내 그 순간이 다가왔다. 안중근 의사는 하얼빈 역에 잠입하여 숨을 죽이며 역사적인 거사 순간만을 기다렸다. 10월 26일 오전 10시, 이토 일행을 태운 특별 열차가 하얼빈 역에 도착하였다. 코코프체프가 특별 열차 안으로 들어가 이토와 잠시 인사를 마친 뒤, 두 사람이 열차에서 내리는 것이었다.

이토가 러시아 장교단을 사열하고 환영 군중 쪽으로 발길을 옮기는 순간, 안중근 의사의 눈에 이토 히로부미의 거동이 뚜렷하게 들어 왔다. 안중근은 이토 히로부미의 가슴을 향해 벨기에 브라우닝 반자동 권총 FN M1900의 방아쇠를 힘껏 당겼다.

"탕, 탕, 타앙!"

권총 총탄 세 발이 눈 깜짝할 사이에 이토의 가슴으로 깊숙이 들어갔다. 이토 히로부미는 그 자리에 쓰러졌다. 나머지 네 발 중

세 발은 이토 옆에 있던 하얼빈 주재 일본 총영사 가와카미 도시히코, 궁내대신 비서관 모리 타이지로, 만주철도 이사 다나카 세이타로 몸에 박혔다.

평소 연습할 때 구멍 뚫린 동전을 표적 판에 걸어 놓고 사격하면 백발백중 동전 구멍에 명중했던 사격 실력이 유감없이 발휘된 것이다.

안중근 의사는 이토를 정확히 저격한 그 순간에 현장에서 러시아 공안원에게 체포되었다. 체포 후 안중근은 큰 소리로 자신의 신분을 떳떳하게 밝혔다.

"나는 대한의군 참모중장이자 특파 독립대장이다."

그런 뒤에 곧이어 러시아 말로 만세를 외쳤다.

"코레야 우라!"

'코레아 우라'는 '대한 만세!'라는 뜻이다.

이토는 저격을 당한 뒤 열차로 옮겨졌다. 그는 죽기 직전에 무슨 말을 남겼다는 기록이 있는데, 그 이야기가 분명하지 않아 수수께끼로 전한다.

이토가 권총 세 발을 맞고 죽기 직전의 기록은 이렇다.

그 하나, 이토는 죽기 직전에 브랜디를 한 모금 마시고 "범인은 누구인가?"라고 물었다. 수행원이 "조선 사람이다."라고 대답하자 "바보 같은……."이라고 뇌까리며 죽었다고 한다. 이는 당시 사건 현장에 있던 주변 사람들의 증언이다.

그 둘, 한편으로는 조작이라는 주장도 있다. 권총 세 발을 맞고 어찌 그런 말을 남길 수 있느냐는 의문이다. 하지만 당시 동행한 의사는 열차로 옮길 때까지 그는 목숨이 끊어지지 않고 조금 붙어 있었다고 증언하였다는 것이다.

그 셋, 또 다른 기록으로, 죽을 당시에 "난 틀렸다…… 다른 부상자는?"이라고 중얼거렸다고 전한다.

안중근은 현장에서 러시아 공안원들에게 체포된 뒤, 러시아 공관에서 조사를 받고 일본 경찰에 넘겨져 모진 고문을 당했다. 안중근 의사의 체포와 수감 소식이 전해지자 당시 국내외에서는 변호와 모금 운동이 일어났다.

법관양성소 출신 변호사 안병찬이 안중근 의사를 위해 무료 변론을 맡겠다고 나섰다. 러시아의 콘스탄틴 미하일로프, 영국의 더글러스 등도 안중근 의사의 무료 변호를 자원했다.

그러나 일본 재판부는 이를 모두 거절하였고, 일본인 관선 변호사 미즈노와 가마타의 변호조차 허가하지 않으려고 했다.

　대한제국 의병중장으로서 독립을 위해 한 행동을 살인범으로 심리한다는 것은 부당하다는 이의가 제기되기도 하였다. 그러나 일본 재판부는 자기들 주장대로 재판을 진행하였다.

　안중근은 체포되어 처형되기까지 재판 과정에서 재판소 안의 어떤 기세에도 굽히지 않고 거사의 당위성과 이토 히로부미를 죽일 수밖에 없었던 죄상을 하나하나 지적하였다. 이토 히로부미를 죽인 이유 15 가지를 조목조목 당당하게 밝혔다.

　내가 이토를 죽인 이유

　1. 한국의 명성황후를 시해한 죄

　2. 한국의 황제를 폐위시킨 죄

　3. 을사늑약과 7조약을 강제로 맺은 죄

　4. 무고한 한국인을 학살한 죄

　5. 한국의 정권을 강제로 빼앗은 죄…….

"그만하라."

검사가 말을 끊었다. 그러나 안중근 의사는 굽히지 않았다.

"또 있다. 내가 이토를 죽인 이유는 이토가 살아 있는 한 동양 평화를 어지럽게 하고 한국과 일본이 멀어지기 때문에 한국의 의병중장 자격으로 죄인을 처단한 것이다. 나는 한일 양국이 더 친밀해지고, 평화롭게 다스려지며 나아가서 오대주에도 모범이 돼 줄 것을 희망한다. 결코, 나는 이토를 오해하고 죽인 것은 아니다."

안중근 의사가 이토를 저격하게 된 당시의 상황을 더듬어 보자.

이토는 1905년의 을사늑약과 1907년의 한일신협약이라는 정미조약을 체결하고 우리나라를 강제로 빼앗아 일본에 병합하는 기초를 닦은 것이다.

말이 좋아 합병이지, 사실상 우리나라를 강제로 빼앗을 수 있

| 안중근 의사

는 기초를 마련한 셈이다. 7개 조항으로 된 이 조약은 일본 통감부의 권력을 강화하고, 일본인 관리를 채용하는 반면, 외국인 관리의 채용을 금지하는 내용으로 된 조약이다.

그렇게 한국을 식민지로 만든다는 계획을 철저하게 진행한 원흉인 이토는 다음 해인 1908년 6월 14일 통감 자리에서 스스로 물러났다.

한국 침략의 원흉인 이토가 갑자기 통감에서 물러난 이유에 대해 모두가 궁금하게 여겼다. 그런데 그 다음 달인 7월에 그 이유가 분명하게 드러났다. 이른바 '한국 병합실행방침'이라는 괴물 정책을 만든 것이다. 그 괴물 정책의 골자는 이렇다.

· 조선에는 당분간 헌법을 적용하지 않고 통치한다.
· 조선 총독은 일본 천황 직속의 통치자로 한다.

이는 매우 엄청난 정책이다. 대한제국을 일본 천황이 임명하는 자가 헌법을 무시하고 일방적 강압으로 다스린다는 정책이다. 일본은 1908년에 이미 두 개의 사단 병력을 추가로 우리나라에 파견하였다. 이로써 한국을 이미 장악하였다고 생각한 것이다.

일본은 우리나라에 주둔하고 있는 군대를 북쪽으로 이동 배치

하고, 1909년에는 압록강과 두만강의 국경선을 무력화시키고 강 건너 만주 땅까지 식민지로 만들어 통치 구역으로 삼으려는 술책을 세웠다.

일본은 러일전쟁을 통해 만주의 뤼순 - 창춘 - 펑텐 - 선양을 연결하는 철도와 함경도의 회령과 만주 지린을 잇는 철도의 운영권을 손에 쥐었다. 이처럼 다져놓은 만주를 확실하게 장악하기 위해 이토 히로부미를 만주로 보내기로 내정한 것이었다.

이에 따라 1909년 9월 일본은 청나라와 젠다오(간도) 협약을 맺고 두만강 이북의 만주 북젠다오는 청나라에 넘겨주고 그 대신 함경도 회령에서 만주 지린(길림)으로 들어가는 철도를 장악했다.

따라서 이토의 하얼빈 방문은 일본의 이런 속셈에 대한 러시아의 간섭을 차단하려는 것이었다. 더구나 이토의 하얼빈 방문은 한국과 만주의 운명이 걸린 중대 사건이었다.

이런 때에 1909년 10월 26일 오전 10시, 이토는 특별 열차 편으로 하얼빈 역 1번 플랫폼에 도착한 것이다. 그때 기차는 도착 예정인 오전 9시보다 무려 1시간이나 연착되어 늦게 들어왔다.

초조하게 기다리던 안중근은 민족의 원흉 이토가 눈앞에 나타나자, 속으로 쾌재를 불렀다.

"만났도다! 마침내 만났도다!"

그리고 ‘탕 탕, 타앙!’ 이토의 가슴에 총탄을 퍼부었다.

안중근은 쓰러진 이토를 보면서 ‘대한 만세’를 힘차게 부르고 자신을 체포한 러시아 헌병에게 물었다.

“이토는 죽었는가?”

헌병은 웃으면서 대답했다.

“죽었다!”

이토는 목숨이 끊어지기 직전에 부하에게 물었다.

“누가 쏘았는가?”

“조선 청년입니다.”

“조선인이라, 해볼 만한 일이지.”

그러나 일본 측의 보고 문서에는 ‘바보 같은 놈’이라고 이토가 말했다고 기록해 놓았다. 이때의 대화 기록은 여러 가지가 있고, 조작했다는 말도 전한다. 영원한 수수께끼이다. 그러나 안중근 의사가 쏜 세 발의 권총 총알을 맞고 현장에서 죽은 것만은 엄연한 사실이다.

안중근 의사의 이토 저격은 한국, 중국, 일본의 근대사를 가르는 분수령이 되었다.

한일신협약 7개 조항

1907년 일본이 대한제국의 국권國權을 강탈하기 위한 예비 조치로 맺은 7개 항의 조약이다. 1905년의 을사늑약을 더욱 강화하여 정미년에 체결하여 '정미7조약' 이라고도 한다.

이완용 내각은 일본이 만든 원문을 글자 한 자 고치지 않고 그대로 받아들여 7월 24일 밤에 조약을 체결하였다.

조약의 내용은 1) 대한제국 군대의 해산, 2) 한국 사법권의 위임, 3) 일본인 차관次官의 채용, 4) 경찰권의 위임, 5) 일본 외 외국인 관리의 채용금지, 6) 통감부의 권력 강화 등을 주요 골자로 한 것이다.

02 치밀한 계획

안중근 의사가 하얼빈 역에서 이토 히로부미를 저격하기까지는 매우 치밀한 계획에 따라 일사불란하게 이루어졌다. 우연히 얻어낸 성과가 결코 아니다. 목숨을 내걸고 주도면밀하게 진행한 결과였다.

대역사의 서사시, 통쾌한 드라마였다. 그때의 상황을 다시 조명하면 이렇다.

1909년 9월, 안중근은 러시아 땅 프리모르스키^{연해주}에 머무르고 있었다. 연해주는 러시아의 동남쪽 지방, 두만강 건너편 땅인데, 그 중심 도시를 우리는 블라디보스토크라고 부른다.

본래 만주 땅이었는데 중국 청나라 때 베이징 조약으로 러시아 영토가 되었다.

안중근은 우덕순을 설득하여 함께 독립운동을 하면서 무언가 큰일을 하겠다고 벼르고 있었다.

"이토 히로부미가 만주 하얼빈에 온다고 하는데, 알아봐야 할 것 아닌가?"

안중근은 우덕순의 말에 귀를 세우며 눈을 크게 떴다.

"지금 뭐라고 했나?"

"이토 그자가 하얼빈에 온다는 말이야."

대동공보 신문이 앞으로 며칠 안에 이토 히로부미가 하얼빈 역에 도착할 것이라고 보도하였다.

안중근은 속으로 굳게 다짐했다. 드디어 때가 온다고 믿었다. 여러 해 동안 소원하던 목적을 이제야 이룰 수 있겠다면서 주먹을 불끈 쥐었다.

"이토 히로부미, 이제 너는 내 손에 죽고 말 것이다!"

안중근은 이토 히로부미가 하얼빈에 올 때까지 가만히 앉아서 기다릴 수가 없었다.

이토 히로부미보다 먼저 하얼빈으로 가서 그를 기다리기로 결심했다.

안중근은 동지 우덕순에게 말했다.

"한다! 이 권총으로 큰일을 해낸다!"

"무슨 소리요? 갑자기 흥분하다니?"

우덕순은 안중근이 쥐고 있는 권총을 보면서 물었다.

"이토, 이 녀석을 한 방에 날려 버리는 게야!"

안중은 거사 계획을 비밀스럽게 설명했다.

"가자! 하얼빈으로!"

안중근은 일어섰다. 우덕순도 안중근을 따라 나섰다.

안중근과 우덕순은 러시아말을 몰랐기 때문에, 친구 유동하에게 도움을 청했다. 그도 기꺼이 응낙했다. 세 사람은 거사를 도와줄 또 다른 동지 조도선을 만났다.

일행은 김성백의 집에 머물며 거사 날을 손꼽아 기다렸다. 거사 날을 이틀 앞두고 날이 저물었다.

안중근은 북받쳐 오르는 마음을 시로 달랬다.

장부가 세상에 나서 큰 뜻을 품으니

때가 영웅을 만들고 영웅이 때를 만든다.

천하를 두루 보니 언제 뜻을 이룰 것인가.

동풍이 점점 차가우니 마음이 뜨겁구나.

분개함을 펴내 반드시 목적을 이루리라.

쥐 도적 이토야, 네 목숨은 이제 끝이다.

날이 밝았다. 안중근은 사전 점검을 위하여 먼저 채가구 역으로 갔다. 이토 히로부미가 열차로 하얼빈 역으로 가려면 반드시 이곳을 거쳐야 하기 때문이다.

안중근은 채가구역 직원에게 열차 시간을 물었다.

"이곳에는 기차가 매일 몇 차례씩 오고 갑니까?"

"매일 세 번씩 오가는데, 곧 특별 열차가 통과합니다. 하얼빈으로 가는 열차인데 일본 대신 이토 히로부미가 타고 온답니다. 모레 아침 여섯 시에 여기를 통과하여 하얼빈 역에는 아홉 시에 도착할 예정입니다. 거기서 이토를 영접하기로 되어 있다죠."

이토 히로부미의 움직임을 알게 된 안중근은 함께 온 동지들과 비밀리에 거사 계획을 구체적으로 짰다. 그러나 문제가 생겼다.

| 의거 당시의 하얼빈 역

첫째, 안중근이 이토 히로부미의 얼굴을 모른다.

둘째, 이토 히로부미가 정거장에서 내리지 않을 수도 있다.

셋째, 먼저 창춘으로 떠난 유동하에게서 온 편지에는 별다른 정보가 없다.

안중근은 이런 세 가지 상황을 놓고 고민에 빠졌다. 더구나 거사에 필요한 자금을 대기로 한 친구에게서는 며칠째 연락이 오지 않았다.

안중근은 점차 불안해지기 시작했다. 내일의 기회는 어쩌면 마지막이 될 지도 모르는 일이었다. 채가구에서 거사 날을 기다리던 안중근과 우덕순은 새로운 계획을 세워야 했다.

"우리가 함께 있는 것보다는 떨어져 있는 편이 더 좋을 것 같다는 생각이 드네."

안중근은 우덕순에게 각각 다른 곳에서 이토 히로부미를 기다리자고 제안했다.

"그게 좋을 것 같아. 내가 일을 그르치면 자네라도 꼭 성공을 해야 할 테니까."

우덕순도 내일의 기회를 잃으면 다시는 일을 도모하기 힘들다는 것을 잘 알고 있었다. 이렇게 해서 안중근과 우덕순은 헤어지기로 했다.

우덕순은 채가구에 남아서 이토 히로부미를 저격할 기회를 노리고, 안중근은 이토 히로부미의 마지막 종착역인 하얼빈으로 달려갔다.

드디어 거사 날 새벽이 밝았다. 어느 날보다 일찍 잠에서 깬 안중근은 일본인으로 변장하고 권총을 지닌 채 아침 7시에 정거장으로 나갔다.

안중근은 정거장에서 가장 가까운 찻집으로 들어가 이토 히로부미가 탄 기차가 도착하기만을 초조하게 기다리다가, 아침 8시 반 경계망을 뚫고 하얼빈 역 플랫폼으로 들어갔다. 이토 히로부미를 저격할 기회만을 노리며 역 주변의 동정을 살피면서 여유 있게 기차역으로 이동한 것이다.

아침 9시. 기차가 도착할 시간인데 기차는 오지 않는다.

"어찌 된 일인가? 안 오나?"

시간이 아주 느리게 가는 것 같다. 10분, 20분, 30분이 지나고, 오전 10시에 드디어 기적을 울리며 이토 히로부미가 탄 특별 열차가 정거장으로 들어오고 있다. 기차역에는 환영 인파로 붐볐다.

드디어 팡파르가 울려 퍼지면서 특별 열차가 멈추어 섰다. 군인들이 특별 열차를 향해 경례를 하고 군악대 연주소리가 하늘로 울려 퍼졌다.

안중근은 끓어오르는 분노를 참을 수 없었다.

"이웃 나라를 강제로 빼앗고, 사람의 목숨을 파리 목숨만도 못하게 여기는 저자가 이토록 환영을 받다니!"

안중근은 환영 인파 틈에서 한 발 한 발 앞으로 조심스럽게 나아갔다. 마침내 기차에서 이토 히로부미가 내렸다. 그는 환영하는 군중을 향해 손을 흔들었다.

일본인으로 가장한 안중근은 머리를 숙이고, 주머니 속의 권총을 손으로 꼭 잡은 채, 군중을 헤치고 앞으로 나아갔다. 이토 히로부미가 그의 눈앞에 가깝게 다가오자 번개처럼 몸을 날리며 품속에서 권총을 꺼내 방아쇠를 힘껏 당겼다.

"탕 탕 탕 타앙 탕……."

일곱 발의 총소리가 하늘을 향해 요란하게 울려 퍼졌다. 먼저 세 발의 총알은 이토의 몸에 깊숙이 박혔고, 네 발은 그를 맞이하던 사람과 따라온 수행원의 몸에 박혔다.

난데없이 갑자기 터진 총소리에 놀란 군중들은 여기저기로 흩어졌고, 이토 히로부미와 함께 온 일본 군인들은 총소리가 난 쪽을 향해 달려들었다.

그러나 이미 일은 끝났다. 침략의 원흉, 온갖 만행을 저지른 이토 히로부미는 그대로 땅에 쓰러지고 말았다.

어린 나이에 사냥꾼들로부터 총 쏘는 법을 배우고 익혔던 안중근은 이날, 이토 히로부미에게 세 발을 모두 통쾌하게 명중시켰다.

"아! 장부가 비록 죽을지라도 마음은 강철과 같고, 의사는 위태로움에 이를지라도 기운은 구름과 같도다."

안중근 의사는 이토를 저격할 때 일곱 발의 총알을 쏘았고, 마지막 한 발의 총알을 남겼다. 왜 그랬을까? 만일에 대비하여 이토 히로부미를 저격한 후에 그 마지막 총알로 자살하기 위해서 남겼을까?

그러나 안중근 의사는 통쾌하게 이토를 저격한 뒤 도망치거나 자살하지 않고 "코레야 우라! 대한 만세!"를 외치고 현장에서 체포되었다.

안중근 의사는 이토를 저격한 뒤, 러시아 영사관에서 5일간 갇혀 있었다. 그때 러시아 재무차관으로 러일전쟁 중에 군수품 수송을 지휘하는 과정에서 부정을 저질러 이곳으로 유배되어 있던 사람이 안중근 의사에게 이런 말을 했다.

"당신이 나라를 위해 목숨을 바치는 것을 보니, 우리는 너무 부끄럽소!"

이토 히로부미 1841~1909년 는 누구인가?

이토 히로부미는 우리에게 이등박문伊藤博文으로 알려진 인물로 본명은 슌스케이다.

일본 개화 운동의 선구자이자 정치가인 요시다 쇼인의 가르침을 받고 영국에 밀항하였다가 돌아와 일본 대장군 본부인 막부幕府 타도 운동에 참가하면서 지도자로 떠올랐다.

독일의 내각 제도를 본떠 일본 내각 제도를 확립하고 초대 국무총리로 사실상 실권을 잡은 뒤 네 차례에 걸쳐 내각을 개편하면서 이토 체제를 구축하였다.

1905년 을사늑약을 강제로 성립시키고 초대 한국통감이 되었다. 한반도에서의 일본 세력 확보를 다지기 위해 러시아와 협상하고자 만주 방문길에 하얼빈 역에서 한국의 청년 애국지사 안중근 의사에게 저격당했다.

03 어머니의 편지

안중근 의사는 1909년 10월 26일 거사 이후 러시아 영사관을 거쳐 일본 경찰로 이송되었다.

그때 우덕순도 체포되어 들어와 있었다. 두 사람은 철저하게 모르는 척하였다.

안중근은 일본 경관이 지켜보는 앞에서 우덕순에게 눈짓을 하며 말했다.

"당신은 누구요?"

"당신은 도대체 무얼 잘못 했소?"

그러나 그 이상의 대화는 못 했다. 마음으로만 말을 주고받았다. 안중근과 우덕순 두 사람은 나란히 뤼순 감옥에 갇혔다. 감옥에서는 모르는 척할 필요가 없었다.

안중근이 물었다.

“그동안 얼마나 고생했나?”

“나보다도 안 형이 더 고생했지요?”

“춥지 않았나?”

안중근은 이렇게 묻고는 하얼빈 역에서의 초조했던 저격 순간을 이야기하였다.

“이토! 그자를 까딱하다가는 놓칠 뻔했지. 정말 하늘이 도왔어!”

“어쩐 일인데요?”

“아! 9시가 지났는데도 열차가 안 오는 게야. 도착 예정시간은 지나고 10분, 20분, 30분…… 정말 초조했어. 그래서 채가구에서 자네가 이토를 쏘아 죽여야 할 거라고 생각했지. 그렇게 한참을 기다리다가 포기하고 플랫폼 밖을 살펴보려고 눈을 돌렸지. 그때 이토가 탄 열차가 기적을 울리며 들어오는 게야. 가슴이 마구 뛰었지. 일본 경찰은 멍하니 기차만 바라보는 게야.”

안중근 의사는 우덕순에게 이렇게 말하면서 크게 웃었다.

일본 간수가 말했다.

“무슨 말을 하고 있나?”

“우리는 너희들에게도 좋은 일을 했다고 말하고 있으니 그런

줄이나 아시오!"

그로부터 안중근 의사는 일본 경찰에서 모진 고문과 심문을 계속 받았다. 배후 인물을 밝히라며 혹독하게 고문한 것이다. 그러나 더는 배후 인물이 없자 재판에 넘겼다.

해가 바뀌고 1910년 2월 7일 재판이 시작되었다. 일본은 재판을 시작하자마자 7일 만에 사형을 선고하는 졸속 재판으로 진행하였다. 아들이 사형선고를 받았다는 소식을 들은 어머니 조마리아 여사는 즉시 편지를 보냈다.

"아들아! 너의 죽음은 너 한 사람에 관한 것이 아니라, 조선인 모두의 공분公憤을 짊어지고 있는 것이다. 네가 항소한다면 그것은 일제日帝에 목숨을 구걸하는 짓이다. 네가 나라를 위해 이에 이른즉 딴마음을 먹지 말고 죽거라. 항소는 곧 목숨을 구걸하는 것처럼 보일 염려가 있으니, 아예 항소를 포기하라."

이토 히로부미를 저격했다는 이유로 사형선고를 받았으니 살아서 나올 몸은 아니라며, 감옥에 갇힌 아들에게 간결하면서도 단호한 편지를 보냈던 것이다.

아들의 죽음을 눈앞에 두고 항소하지 말라고 당부한 어머니, 항소하여 재판이 연장되면 또다시 엄청난 고통을 받을 것임을 걱정한 어머니, 어차피 살아나올 수 없는 몸이니 떳떳하게 죽음을 택하라고 한 어머니, 그런 어머니가 있었기에 안중근 의사와 같은 거인이 이 세상에 태어난 것이다.

나라를 위해 대단히 큰일을 한 아들을 격려하는 어머니의 편지는 많은 사람의 가슴을 파고들며 크나큰 감동을 안겨주었다.

| 조마리아 여사

대부분의 어머니들은 이런 경우에 하루라도 더 살도록 자식의 항소를 권유했을 것이다. 그러나 그런 통념을 난 한마디로 단호하게 물리친 안중근 의사의 어머니 조마리아 여사는 실로 위대하고도 결연한 가르침을 준 것이라 모두가 탄복하였다.

"너의 죽음은 너 한 사람의 것이 아니라 조선인 모두의 공분公憤을 짊어지고 가는 것"이라고 아들을 격려한 어머니, 그런 어머니의 뜻에 따라 항소하지 않고 담담히 사형을 받아들인 민족의 아들이다.

　현대의 형법은 사형이 선고되면 피고인이 항소를 포기하더라도 자동으로 항소가 되도록 하고 있다. 이는 생명이 걸린 문제를 1심에서 끝내는 것은 자칫 인권 유린이 될 수 있다는 판단에서다. 그러나 일제는 국제적인 여론을 염려하여 재판 시작 7일 만에 사형을 선고하고, 40일 만에 전격적으로 처형하는 속결 재판을 진행하였다.

의사義士와 열사烈士

　의사義士와 열사烈士는 모두 나라와 민족을 위해 싸우다가 순국한 사람을 말한다.

　의사란 나라와 민족을 위하여 항거하다가 의롭게 죽은 사람으로서 주로 무력으로 싸우다가 죽은 사람을 가리킬 때 쓰는 말이다. 하지만 군인에게는 쓰지 않는다.

　안중근 의사, 윤봉길 의사 등이 그 예이다.

　열사란 나라와 민족을 위하여 저항하다가 의롭게 죽은 사람이지만, 주로 맨몸으로 싸우다가 죽은 사람을 가리키는 경우이다.

　예를 들면 유관순 열사, 이준 열사 등이다.

04 감동의 메아리

1909년 10월 26일, 그날은 대한민국으로서 통쾌한 역사의 날이지만, 일본에게는 치욕의 날로 역사에 기록되어 있다.

그 까닭은 대한민국의 아들 안중근 의사가 만주 히얼빈 역에서 아시아 침략의 원흉 이토 히로부미를 저격했기 때문이다. 100년의 세월이 지났지만 결코 지워질 수 없는 역사의 날, 그날 속에 안중근 의사가 나라를 위하고 국민을 일깨워준 애국애족의 정신이 고스란히 녹아 있다.

그 역사의 현장인 하얼빈 역, 역사의 광장에서 군악대의 웅장한 연주로 '안중근 의사 하얼빈 의거 100주년' 기념식이 거행되었다. 예전에는 중국 정부에서 공식적으로 허용하지 않아 공개적인 기념행사를 열 수 없었다. 실로 100년 세월이 지난 뒤에야 역사적인 감동의 메아리가 하늘로 높이 솟아올랐다.

이 역사적인 기념식에서 애국가의 함성이 우렁차게 울려 퍼진 것이다.

"내가 이토 히로부미를 죽인 것은 한국 독립전쟁의 한 부분이요. 또 내가 일본 법정에 서게 된 것도 전쟁에 패배하여 포로가 된 때문이다. 나는 개인 자격으로 이 일을 행한 것이 아니요, 대한제국 의군 참모중장의 자격으로 조국의 독립과 동양의 평화를 위해서 행한 것이니 만국공법萬國公法에 의하여 처리하도록 하라."

안중근 의사의 당당한 절규가 의거 100주년 기념행사장에서 힘찬 음성으로 장엄하게 울려 퍼졌다. 이 말은 안중근 의사가 1909년 만주 하얼빈 역에서 조국 침탈의 원흉 이토 히로부미를 저격하고 체포되어 심문을 받으면서 당당하게 주장했던 것이다.

하얼빈 역 역사의 저격 현장에는 처음에 밥그릇을 묻어서 표시해 두었다. 그런데 중국이 그 자리에 화단을 꾸며 그 표시물이 없어졌다. 그뿐만이 아니다. 옛날에는 하얼빈 역 앞에는 안중근 의사의 추모비가 서 있고, 하얼빈 시내 중심가에는 이토의 추모비가 서 있었다.

그러나 1949년 중국 공산당이 그것마저도 헐어 버려 없어졌다.

다만 남아 있는 것은 하얼빈 역 1번 플랫폼뿐이고, 그 플랫폼 안에 의거 현장이 조그맣게 표시되어 있다. 그러나 그 현장을 찾는 것이 쉽지 않다.

1번 플랫폼 현장, 안중근 의사가 권총을 발사한 곳 바닥에는 ▷타일을, 이토가 안중근 의사의 저격을 받고 쓰러진 현장에는 ◇타일을 깔아놓았을 뿐이다. ▷타일은 총알이 날아간 방향을 알려주고, ◇타일은 이토가 쓰러진 곳을 일러준다.

▷타일에서 ◇타일까지의 거리는 불과 6m이다. 그런데 ▷타일과 ◇타일의 색깔이 주변 바닥 색깔과 비슷해 누가 알려주지 않는 한 그냥 지나치게 쉽다. ▷타일과 ◇타일은 1990년대 후반에 하얼빈 역을 대규모 보수 공사할 때 설치한 것이다.

박근혜 대통령이 2013년 6월 중국을 국빈 방문했을 때 시진핑 중국 국가 주석과의 회담 자리에서 제의했다.

"하얼빈 역사의 현장에 안중근 의사 기념 표지석을 설치하자."
시진핑 주석은 이해를 표시하며 관련 기관에 검토를 지시했다.

안중근의사숭모회 안응모 이사장은 안중근 의사 100주년 의거 기념사를 통해 이렇게 추모하였다.

“대한국인 안중근 의사는 우리 겨레의 대표적인 독립운동가이시며 민족정기의 표상이십니다. 조국 침탈의 원흉이며 동양 평화의 파괴자 이토 히로부미를 저격하여 일본 제국주의의 야만적인 침략 행위를 세계만방에 알린 위대한 한국인입니다.

식민지의 암울한 시대에 불의와 타협하지 않고 정의를 위해 목숨을 바친 안 의사는 100년이 지난 이 시대에도 큰 가르침을 줍니다. 의사께서는 현장에서 체포되어 순국하실 때까지도 오직 나라의 안정과 민족의 평화를 걱정하셨습니다. 우리가 잊지 말아야 할 것은 안중근 의사를 비롯한 선열들의 애국애족 정신과 공동체를 위한 거룩한 희생이라고 생각합니다.”

죽어서 천 년을 가오리다

중화민국 초대 대총통 위안스카이는 안중근 의사의 하얼빈 역 거사에 대해 감동적인 찬사를 보냈다.

"평생을 벼르던 일 이제야 끝났구려.

죽을 땅에서 살려는 건 장부가 아니고말고.

몸은 한국에 있어도 만방에 이름 떨쳤소.

살아선 백 살이 없는 건데,

죽어서 천 년을 가오리다."

위안스카이는 우리에게 원세개袁世凱로 알려진 인물이다.

청일전쟁 때 서울에 머무르면서 대한제국의 정치, 군사에 개입하였다. 러일전쟁의 혼란기에 제1혁명, 제2혁명 등을 거치며 권력을 강화하고 스스로 황제라 칭하였다.

05 뮈텔 주교에게 보낸 전보

안중근 의사는 천주교 조선 대교구_{현 서울 대교구}의 교구장 뮈텔 주교에게 전보를 보내 사제를 보내줄 것을 요청하였다.

뮈텔 주교는 프랑스 선교사로 대한제국에 파견된 이래, 이름을 '민덕효' 라 고치고 거의 반 세기가량을 우리나라 천주교회의 책임자로 활동한 사람이다. 1877년 24세로 서품을 받고, 1880년 서울에 온 이후 1933년 세상을 떠날 때까지 제8대 조선 대교구 교구장으로 열심히 활동하며 독립운동을 지원하였다.

우리나라에서 53년간 봉직하면서 천주교회의 토착화와 현대화를 위해 크게 공헌했으며, 순교자들의 성인시복_{聖人諡福}을 위해서도 많은 노력을 기울였다.

민 주교는 안중근 의사의 전보를 받고 황해도 천주교 신천본당 주임인 빌렘 신부를 뤼순 감옥으로 보냈다. 안중근은 사형선고를 받은 뒤 감옥으로 찾아온 빌렘 신부, 곧 홍석구 신부 앞에서 고해성사를 하였다.

“나의 사형 집행일로 성聖 금요일을 희망합니다.”

빌렘 신부는 안중근을 위해 3월 10일 미사를 봉헌하였다. 사실상 마지막 미사였다.

그러나 3월 25일 사형 집행을 연기하라고 요구하였다. 세계적으로 성탄절, 정월 초하루, 황제의 탄신일 등에는 사형을 집행하지 않는다는 관례와 대한제국 내의 의병 활동이 강하게 전개되고 있으니 통감부에서 이를 고려하라는 요구였다.

더구나 이날은 조선왕조의 마지막 왕인 대한제국 황제 순종이 태어난 건원절이었다. 순종의 생일인 건원절은 본래 음력 2월 28일인데, 이듬해 양력으로 환산하여 3월 25일을 생일로 삼았다.

안중근은 사형을 하루 앞두고 면회 온 신부와 정근, 공근 두 동생에게 간곡한 당부를 하였다.

“어머님은 건강하시고 평안하신가? 불효자의 죄를 용서하세요.

신부님! 큰애장남를 천주교 사제로 길러 주세요.

동생 정근아! 너는 형을 대신하여 어머님 잘 모시며, 한국의 발전을 위해 공업 또는 식림植林 같은 일을 하여 나라를 발전시키는 일에 종사하기를 바란다.

내가 죽은 뒤에 바로 반장返葬하지 말고 나의 뼈를 하얼빈공원 곁에 묻어두었다가 우리나라 국권이 회복되거든 고향으로 이장移葬하여라. 나는 천국에 가서도 마땅히 우리나라의 독립을 위해 힘쓸 것이다. 너희들은 돌아가서 동포에게 제각각 나라의 책임을 지고 국민의 의무를 다하며 마음을 같이 하고 힘을 합하여 공로를 세우고 업을 이루도록 하라는 나의 마지막 유언을 전해다오. 대한 독립의 소리가 천국에 들려오면 나는 마땅히 춤추며 만세를 부를 것이다."

| 1910년 3월 뤼순 감옥에서 동생들에게 유언하는 안중근 의사

안중근 의사는 동생들을 만나 평소와 다름없이 명랑한 표정으로 이야기를 하였다. 동생들은 아무 말도 못 하고 오히려 두려운 표정을 지었다. 안중근은 그런 동생들을 달래 주었다.

"사람은 누구나 한 번은 꼭 죽는다. 죽음을 두려워할 내가 아니다. 삶은 꿈과 같은 것이고, 죽음은 잠드는 것과 같다고 생각한다. 두려워할 것도 아니고, 어려워할 일도 아니다."

안중근 의사는 참으로 위대한 영웅답게 죽었다. 몸은 죽었어도 애국심은 불멸의 영혼으로 살아 있다.

안중근 의사는 사형을 당하였고, 안중근 의사와 같이 거사에 참여했던 우덕순은 징역 3년, 조도선과 유동하는 각각 징역 1년 6개월을 선고받고 복역하였다.

안중근 의사가 사형을 당한 뒤, 유족들은 관 뚜껑을 뜯고라도 안중근 의사의 모습을 다시 한 번 보고 싶다며 보여 달라고 애원했다. 그러나 일본 관리는 묵살하고 들어주지 않았다.

또 안중근 의사의 시신 인도를 요구했으나 이 또한 거부하고, 자기들끼리 감옥 주변 공동묘지 어디엔가 매장하였다.

일제는 안중근 의사의 시신을 아무도 모르게 감춰버리듯 매장하였으며, 매장 장소도 알려 주지 않아 무덤을 찾을 수 없다.

그러나 안중근 의사는 사형된 그날 일본 간수가 뤼순 감옥 뒤 죄수 묘역에 매장했다고 전한다. 여러 명의 사형수가 묻혀 있는 뤼순 감옥의 동남쪽 야산인 동산파東山坡 지역에 묻혔을 것이라고 생각해 왔다.

이에 대하여 중국의 양해를 얻어 남북 공동 유해조사단이 현장조사를 하였으나 유해는 찾지 못하였다.

일본이 저지른 일이기 때문에 일본 정부의 협조가 무엇보다도 중요하다. 이제라도 일본은 안중근 의사가 차지하고 있는 위상을 살피고 외교 관례에 따라 과거사에 대한 사과의 뜻에서라도 안중근 의사 유해 찾기에 적극적인 협조를 아끼지 말아야 한다. 이것이 책임 있는 일본 정부의 자세라고 학자들은 지적한다.

생전에 반장返葬하지 말라고 유언했던 안중근 의사, 어차피 감옥에서 사형당할 몸이라 장례도 가족들이 지낼 수 없을 것임을 알고 이런 말을 했는지 모른다.

조국 광복 이후 1945년 11월 중국에서 돌아온 백범 김구는 순국한 독립운동가의 유골을 찾아 국내에 봉환해야 한다고 말하였다.

이에 따라 이듬해 6월 윤봉길·이봉창·백정기 등 세 분의 독립운동가의 유골을 일본에서 찾아온 후 효창공원에 안장했지만, 안중근 의사를 위해서는 윤봉길 등 세 분의 뒤를 이어 네 번째 허묘,

곧 시신이 없는 무덤을 만들었을 뿐이다.

이는 안중근 의사의 시신을 꼭 찾겠다는 김구의 집념을 보여준 것이다. 하지만 1949년 김구는 안두희의 암살로 사망하고 말았다.

그 뒤에도 안중근 유해 찾기는 계속되었다. 2008년 3월 중국 랴오닝 성 다롄시 뤼순 감옥 뒤편 야산 일대 등지에서 유해 발굴 작업을 벌였지만 실패하였고, 무덤의 위치도 찾지 못하였다.

그러다가 2011년 출범한 안중근 유해 발굴 및 국내 봉환을 추진하는 비정부 민간단체 안중근 뼈대찾기사업회가 최근 안중근이 순국한 뤼순 감옥에서 동쪽으로 500m가량 떨어진 뤼순 감옥 묘지를 안중근의 유해 매장지로 추정하며 해당 지역에 대한 발굴을 정부에 의뢰하고 있는 상황이다. 하지만 유해는 오늘날까지도 찾지 못하고 있다. 매장 지역으로 추정되는 지역은 지금 아파트 단지로 변했다.

대한민국 정부는 안중근 의사 유족에게 1962년 대한민국 건국 공로훈장 중장重章을 추서하였다.

뮈텔 주교, 프랑스 선교사

대한제국 이후 거의 반세기가량을 우리나라 천주교회의 책임자로 활동했다. 1877년 24세로 서품을 받고, 1880년부터 1933년 죽을 때까지 파리 외방전교회 대한제국 교구 파견 신부로 헌신했다.

뮈텔 주교는 이름을 '민덕효' 라 고치고 제8대 서울 대교구 교구장으로 열심히 활동하며 독립운동을 지원하였다.

우리나라에서 53년간 봉직하면서 천주교회의 토착화와 현대화를 위해 크게 공헌했으며, 순교자들의 성인시복聖人諡福을 위해서도 노력했다. 경향신문 · 경향잡지 등을 창간하였다.

규장각 소장 도서를 부지런히 읽고 〈순교기록〉을 써서 한국 천주교회 연구에 귀중한 자료를 정리해 놓았다. 특히 〈뮈텔 문서〉는 매우 소중한 기록으로 꼽힌다. 이는 뮈텔 신부 자신이 직접 또는 간접으로 관계한 모든 기록을 수집 정리한 문서로 1만 3,450여 건에 달하는 방대한 분량이다.

한국천주교회사와 근대 조선 정치사 등에 관한 귀중한 자료와 동학에 관련된 자료들이 많이 들어 있다.

02

탁월한 리더십

01 동양 평화 사상

안중근 의사는《동양 평화론》서문序文에서 이렇게 강조하였다.

"만약 정략을 고치지 않고 핍박이 날로 심해지면, 차라리 다른 인종에게 망할지언정 차마 같은 황인종에게 욕을 당할 수는 없다는 의론이 한국·중국 두 나라 사람의 마음속에 용솟음쳐 위·아래가 한몸이 되어 스스로 여러 사람 앞에 나설 수밖에 없음이 불을 보듯 분명한 형세이다."

서문의 설명처럼 안중근은 하얼빈 역에서 이토 히로부미를 저격한 일은 의거이며, 이 의거는 동양의 평화를 위한 전쟁이라고 강조하였다.

《동양 평화론》이란 한·중·일 3국이 각각 독립을 유지하면서

東洋平和論

| 동양 평화론

서로 상호 부조하여 서세동점西勢東漸, 즉 서구 열강의 세력이 점차 동양으로 이동하는 새로운 식민주의 추세에 대응하는 체계를 만들 수 있다는 방법론까지 제시하였다.

동양 3국의 평화를 위해 세 나라가 싸울 것이 아니라 각자 독립 국가로서 협력해야 한다는 주장이다. 더구나 이토 히로부미가 바라는 동양의 평화는 이웃 나라를 침략해 일본에 종속시키는 것이라고 하지만, 이토의 일본식 동양 평화 주장은 식민지를 합법화하려는 궤변이라고 지적한 것이었다.

결국, 이토에게는 안중근 의사의 '동양 평화 사상' 이 아주 못마땅했다. 이러한 침략의 원흉을 제거하기 위하여 이토 히로부미를 저격하는 쾌거를 일으켰던 것이다. 그리고 현장에서 체포되어 5개월에 걸쳐 모진 고문을 당하고 재판 과정에서 혹독한 심문을 받으면서 감옥생활을 한 것이다.

하지만 안중근 의사는 이토가 살아 있는 한 동양의 평화는 없다는 확고한 신념 아래 이토의 사살만이 동양 평화를 지키는 정의의 응징이었음을 줄기차게 강조했다.

안중근 의사는 감옥에서 저술한 이 책을 통해 일본이 뤼순을 청나라에 돌려준 뒤 한국·중국·일본 3국이 공동으로 관리하는 군사 항구로 만들어 세 나라에서 대표를 파견하고 평화회의를 조직하고 3국 청년으로 구성된 군단을 편성하고, 이들에게 2개국 이상의 언어를 배우게 하며, 은행을 설립하고 공용 화폐를 만들자는 주장 등 여러 가지 내용을 담아 놓았다.

사형 집행 때문에 미완성으로 끝난 채 옥중 저서가 된《동양 평화론》은 '하얼빈 의거'를 단순한 의거에서 더 높은 차원의 '동양 평화 의전東洋平和 義戰'으로 기술하고 있다. 의전義戰은 옳은 일을 위한 전쟁이라는 뜻이다.

사형장에서의 최후 발언도 많은 사람의 심금을 울려주었다.

"나의 하얼빈 거사는 동양 평화를 위하여 결행한 것이므로,

여기 임석한 제원들도 앞으로 한국과 일본 화합에 힘쓰며,

식민지 정책을 버리고 동양의 평화에 이바지하기 바란다."

중국 하얼빈 시 안성거리 조선민족예술관 2층에는 '안중근 의사 기념실'이 있다. 중국에 살고 있는 조선족들이 하얼빈 시와 우리나라 독립기념관 등의 지원을 받아 2006년에 마련하고 운영 중이다. 여기에는 안중근 의사 동상, 의거 당시의 모습, 각종 관련 유물 등을 진열 전시하고 있다.

이 기념실 앞에서는 중국인들도 "안중근 의사는 참으로 위대한 인물"이라며 존경하고 추모하는 말을 많이 한다.

"한국의 안중근 의사가 추구한 동양 평화의 정신을 오늘 중국인도 배우고 있다. 안중근 의사의 동양 평화 사상은 오늘의 관점에서 보아도 선구적인 사상이다. 한국에서 안중근의 평화 사상을 왜 국제화하지 못하는가?"

"안중근 의사의 평화 사상을 왜 국제화하지 못하는가?"라는 질문에는 숙연해질 수밖에 없다. 우리나라 독립운동사에서 '민족의 영웅'으로 칭송받는 안중근 의사가 옥중에서 집필하다가 미완성으로 남긴《동양 평화론》은 독립운동의 기초적 배경이 된 사상 체계로 높이 꼽힌다.

헤이그 밀사 사건

1907년 대한제국 고종황제가 네덜란드 헤이그에서 열린 만국평화회의에 이준李儁, 이상설李相卨, 이위종李瑋鍾 세 사람을 한국 대표로 밀파한 사건이다.

고종황제는 세 사람의 밀사를 통해 만국평화회의 의장에게 친서를 전달하고 1905년의 을사늑약이 고종의 뜻에 따라 합법적으로 체결된 것이 아니라는 것과, 일본이 헌병을 동원하여 강압하는 가운데 체결된 조약이므로 무효라는 것을 세계만방에 선포하고 한국의 독립에 대해 세계열강들에게 협력과 지원을 요청하려는 것이었다.

헤이그 만국평화회의는 26개국 대표들이 참석한 가운데 열렸다. 그러나 일본과 영국 대표의 방해로 뜻을 이루지 못하고 말았다.

이로 말미암아 고종황제가 강제로 퇴위를 당하고 대한제국의 군대가 해산되는 엄청난 일이 벌어졌으며, 전국에서 의병이 일어나기 시작하였다. 그리고 조선왕조의 마지막 임금으로 순종황제가 등극하였다.

그로부터 3년 뒤 1910년, 조선왕조는 이성계가 건국한 지 제27대왕 519년 만에 멸망하고 우리나라는 일본의 식민지가 되고 말았다. 이날이 경술년 8월 29일이라 경술국치일이라고 이른다.

02 국권 회복 운동

　안중근은 교육가이자 애국계몽 운동가로 민족정기의 불을 지 핀 선각자였다. 교육을 통한 계몽운동은 단순한 자아계발을 위한 것에 머물지 않고, 한 걸음 더 나아가 나라의 독립과 국민의 권리 를 되찾는 구국운동으로 이어졌다.

　안중근은 천주교를 전도한 종교 사상가로, 침략주의자 일본의 군인 경찰과 맞서 싸운 의병 지휘관으로 항일운동에 헌신하였다. 그리고 한 걸음 더 나아가 우리나라 침략의 원흉 이토 히로부미를 하얼빈 역에서 통쾌하게 저격한 큰 인물로서 우리나라 근현대사 에 길이 남을 위대한 업적을 우뚝 세웠다.

　안중근이 이처럼 보여준 과감하고도 실천적인 의거의 결단을 '동양 평화'라는 독특한 사상과 구국의 높은 이념에서 엿볼 수 있다. 더구나 하늘을 우러러 공경하는 경천敬天 정신, 민족을 사랑하는 애족愛族 정신, 이웃을 내 몸처럼 아끼는 애인愛人 정신의 큰 틀이 그 바탕을 이루고 있다. 이 세 가지 정신은 개화사상과 동양 평화 사상으로 이어졌다.

특히 민족 항일운동에 몸 바친 애국애족의 정신은 안중근 의사가 이토를 저격하고 순국殉國할 때까지 오직 나라와 민족을 위할 뿐, 의병 투쟁 중에 자신의 목숨을 초개와 같이 생각하고 여러 차례 죽음의 고비를 넘긴 과정에서 싹트고 다져졌다.

이러한 배경을 설명해 주는 몇 가지 경우가 있다.

첫 번째, 소년 시절 서당 친구들과 봄꽃놀이를 갔을 때 가파른 낭떠러지 절벽에서 꽃을 꺾으려다 실족하는 바람에 떨어졌으나 나뭇가지를 붙들고 살아났다.

두 번째, 친구들과 어울려서 사냥하는 중에 연발총이 발사가 안 되었다. 왜 그런가 하고 조사해 보니 총구멍에 탄환이 박혀 있었다. 쇠꼬챙이로 박혀 있는 총알을 빼내는 순간 터졌다. 그때 죽는 줄만 알았다는 것이다.

세 번째, 1908년 블라디보스토크에서 계몽 활동을 하던 중에 외진 산골짜기에서 갑자기 친일파 일진회 회원들이 떼거리로 몰려들어 마구 구타하며 행패를 부렸다. 그때 엄청나게 얻어맞다가 탈주

했다.

네 번째, 만인계를 운영하는 지역 대표로서 계원들에게 돌려줄 표를 뽑을 때의 일이다. 기계 고장으로 표가 한 장씩 나오지 않고 여러 장이 겹쳐 나와 엉망이 되었다. 그러자 군중들의 항의가 빗발치고 몽둥이와 돌을 던지면서 달려들어 매우 위급한 상황을 맞았다. 다행이 허봉이라는 용기 있는 젊은이를 만나 위기를 벗어났다.

다섯 번째, 의병 전쟁 중 일본인 포로를 석방하였다가 기습 공격을 당해 참패하고 초근목피로 20여 일을 버티며 러시아 블라디보스토크로 돌아갔다.

안중근은 이처럼 말 못할 생사의 고비를 여러 차례 넘겼다. 하지만 그 위기마다 신체적으로나 정신적으로나 긍정적이고도 건전한 생각을 갖게 되었다.

이와 함께 안중근은 경천, 애족, 애인 정신을 동양 평화 사상으로 승화시키면서, 국권 회복 운동으로 이끌고자 하였다. 국권 회복 운동은 바로 안중근 자신의 삶을 보여주는 동시에 국민 모두의 행복으로 이어지도록 하려는 운동이었다. 그래서 동양 평화 사상은 안중근 자신의 독특한 아이디어이자 동양인 모두의 희망이라고 보는 것이다.

안중근이 민권운동을 본격적으로 시작한 것은 일제에 의해 을 사늑약이 강제 체결되어 국권이 박탈된 뒤부터이다.

국권 회복 운동의 일환으로 빌렘 신부를 도와 선교 활동을 전 개하면서 민권의식이 싹트게 되고, 활동 영역도 교회와 자신의 고 향에 한정하지 않고 황해도 전역으로 확대하였다.

당시의 시대 상황에 비추어보면 국권 운동은 곧 국민의 자유와 행복을 추구하는 민권운동으로 이어지는데, 그 자체가 교육을 통 한 계몽운동이자 종교를 통한 선교 활동의 중요한 요인이었다.

안중근은 농민을 대상으로 선교 활동을 전개하면서 민족의 수 난과 고통을 외면한 채 현실에 안주하고자 하는 교회의 선교 정책 이 현실과 맞지 않다고 생각하였다.

그래서 비판 의식을 갖게 되었다. 그때 종교는 인간의 영혼과 육신, 현세와 내세, 개인과 사회를 총체적으로 구원하고자 하는 신앙을 강조하였던 것이다.

안중근은 천주교 사상을 통해 근대 민권 의식을 성숙해 나갔으 며, 천주교 교리를 통해 모든 인간이 가장 존엄하고 평등하다는 것을 깨달았다.

당시 한국 사회는 중앙정부의 부패와 지방관리들의 가렴주구 등이 맞물려 국민의 생존권과 자유가 크게 위협받고 있었다.

안중근은 열성적인 교회 활동과 굳고 강직한 신앙심으로 자신의 향리에서 민중과 천주교 신자들의 총대總代를 맡아 활동하였다. 행동 목표를 문명 독립국 건설과 민권 자유 획득에 그 바탕을 두고 움직였다.

부유한 양반 집안에서 태어나 성장하였던 안중근에게는 개화파의 실각과 함께 천주교를 통한 개화 문명에 대한 또 다른 구심점이 되었다.

천주교를 받아들이고 전파함으로써 국민들을 계몽하고 국민들과 함께 천주교를 통하여 한국을 문명국으로 만들자는 것이었다. 따라서 유교적 소양을 바탕으로 한 보수적 정신과 개화 지식을 토대로 한 천주교 신앙을 수용하였고, 천주교회와 그 신앙을 기빈으로 국권 운동 곧 민권 운동을 전개한 것이다.

망명 시대

"나라가 망했다! 새로운 땅을 찾아가자." 일제의 식민 정책으로 국민들이 국외 여러 곳으로 흩어지는 민족의 이산 시대가 일어났다.

가장 가까운 곳이 만주였다. 압록강이나 두만강을 건너가면 바로 만주 땅이다. 1910년에 만주 젠다오간도로 간 사람이 10만 명 정도였는데, 1918년에는 6배나 불어난 60여만 명에 이르렀다. 그만큼 일제의 탄압이 심했던 것이다.

젠다오로 간 사람들은 주로 농민들이다. 농민들이 몰려간 것은 '약속의 땅'이라는 헛소문 때문이었다. 실제로 가보면 고난의 땅이었다. 그런데도 민족의 대이동이 벌어진 것이다.

03 백 년 앞을 내다보며

중국인들은 안중근 의사가 자기 나라 땅 뤼순 감옥에 갇혀 고생하면서 최후 진술에서 당당히 밝힌 것도 동양 평화를 구현하고자 하는 의지였다고 말한다.

동양 평화 사상을 역설한 안중근 의사를 우리나라 독립운동사에서는 '영웅英雄' 또는 '의사義士'로 존경한다.

또한, 안중근 의사가 옥중에서 집필한 미완성 작품《동양 평화론》은 자신이 국권 회복 운동을 펼치면서 세운 지표이자 독립운동의 사상적 배경의 해설판으로 꼽는다.

《동양 평화론》 책은 서문序文, 전감前鑑, 현상現狀, 복선伏線, 문답問答 등의 여러 분야로 구분하여 목차를 정하여 놓고 집필하기 시작하였다.

원자폭탄의 위력

안중근 의사가 《동양 평화론》에서 일본에 경고한 사실은 히로시마에 투하된 원자폭탄 한 방으로 입증되었다.

제2차 세계대전이 막바지에 접어든 1945년 7월, 미국은 일본에 대해 무조건 항복을 요구하였다. 그러나 일본은 이를 묵살하였다.

미국은 1945년 8월 6일 '리틀 보이_{Little Boy}' 라는 작전 명칭으로 히로시마에 원자폭탄을 투하하였다. 이로 말미암아 히로시마에서는 시민 20만 명이 죽거나 다쳤다. 도시의 건물과 도로 등이 완전 파괴되어 도시의 기능을 잃고 말았다. 그런데도 버티다가 3일 뒤에 나가사키가 또 원자폭탄을 맞았다.

무모한 침략 전쟁으로 광분하던 일본은 원자폭탄을 얻어맞은 뒤 무조건 손을 들고 항복하였다. 이날이 1945년 8월 15일이다.

이로써 선열들이 조국 광복을 위해 목숨을 걸고 싸우던 우리나라는 일제의 잔학한 식민통치에서 벗어나 광복을 맞았다. 지금 히로시마에는 원자폭탄으로 인한 피해가 가장 극심한 중심지를 평화 기념 공원으로 조성하고 평화 기념관 원폭 돔, 원폭 자료관, 공원

등을 세웠다.

그리고 원자폭탄으로 희생된 시민들의 영혼을 위로하고, 다시는

인류와 도시를 파멸시키는 원폭을 사용하지 말자는 강한 메시지를

던져주는 교육 홍보 현장으로 삼고 있다.

04 국민 계몽운동

1907년 당시에는 대구 사람 서상일 등의 주도 아래 전국적으로 국채 보상 운동이 한창 전개되고 있었다. 이에 안중근은 국채보상 기성회에 가입하였다.

| 국채 보상 운동을 적극적으로 확대시킨 서상돈과 양기탁, 김광제 (왼쪽부터)

국채 보상 운동은 만인계_{萬人契}라 하여 1,000명 이상의 계원을 모아 돈을 출자한 뒤 추첨이나 입찰로 돈을 융통해 주는 모임이었다. 만인계의 돈을 관리하는 채표_{彩票} 회사도 생겼다. 이 회사는 만인계의 돈을 관리하고 추첨하는 일을 맡은 것이다.

안중근은 국채보상기성회 회원으로 열심히 활동하여 인정을 받았고, 드디어 국채보상기성회 관서지부장으로 임명되었다.

그러나 국채 보상 운동에도 일본의 방해와 단속이 가해지면서 어려움이 따랐다. 그런 가운데서 복권 형식인 채표의 추첨 결과에 승복하지 않는 사람들이 나타났다.

만인계의 계표를 뽑는데 계표를 뽑아주는 기계가 한 장씩 뽑아야 하는데 한꺼번에 서너 장 또는 네다섯 장을 뽑아내는 바람에 계를 탈 사람이 뽑히지 않았다.

이를 본 사람이 흥분하며 난리를 친 것이다.

"사기 치지 마라!"

"엉터리다!"

"사기꾼 사장을 죽여라!"

요란한 소리와 함께 손에 잡히는 대로 물건을 집어 던지며 항의를 하였다.

안중근은 위기 상황 속에서도 침착하게 대응하였다.

"여러분! 조용합시다. 제 말을 좀 들어 보세요. 제가 여러분을 속인 것은 결코 아닙니다. 기계가 이상이 생겨 제대로 작동하지 않아 그렇습니다. 기계를 고쳐서 내일 다시 뽑겠습니다. 이렇게 고함치고 흥분한다고 일이 해결되는 것은 아닙니다."

그러자 사람들이 여기저기서 술렁거렸다. 그때 건장한 청년 한 사람이 안중근 앞으로 다가왔다.

"네가 사장인가? 뭐가 잘났다고 큰 소리야. 기계가 고장 났다고? 고쳐서 다시 뽑겠다고? 미안하다는 사과는 안 하고, 그런 무책임한 소리를 어찌 하는가?"

안중근은 그 청년에게 공손한 태도로 말하였다.

"노여워 말고 지혜를 모읍시다. 어쨌거나 일이 소란스러워진 것은 사실이요. 그러나 내가 여러분의 눈을 속인 것은 결코 아니요. 기계가 고장을 일으킨 이상, 지금으로서는 어쩔 도리가 없소. 사장을 죽인다고 문제가 해결되는 것은 아니요. 성인은 성인을 알아보고 영웅은 영웅을 알아본다고 합니다. 그대와 내가 손잡으면 나라와 국민을 위해 더 큰일을 할 수 있다고 확신합니다. 어떻소? 나와 친구로 지내자는 것 말이외다."

"좋소!"

젊은이는 손을 내밀어 악수를 청하는 것이었다.

안중근은 청년과 악수를 한 뒤, 군중을 향해 외치듯이 열변을
토했다.

"고맙습니다. 여러분께서 너그럽게 용서해 주시면 곧 기계를
고쳐서 제대로 뽑을 것을 약속합니다."

군중들은 일제히 박수로 응답했다.

다음 날 기계를 고쳐서 제대로 일을 마쳤다.

그러나 안중근은 이 사건이 발생한 이후 만인계 사업에서 손을
떼고 말았다.

05 상하이로 가다

안중근 의사는 먼저 만주로 들어갔다.

의병으로 활동하면서 독립운동을 하기 위해서다. 그러던 가운데 1905년 을사늑약이 체결되고 외교권을 일본에게 빼앗겼다는 소식을 듣고 크게 분개하였다.

을사늑약에 앞서 1904년 인천항에서는 일본과 러시아 두 나라가 대포 소리를 크게 울리며 싸움을 벌였다.

'동양의 평화를 유지하기 위해서'이라는 명목을 내걸고 전쟁을 하는 것이다.

"참으로 눈 뜨고는 못 보겠다. 싸움은 자기 나라에서 할 것이지, 왜 남의 나라에 와서 싸우는가?"

인천 앞바다에서 벌어진 싸움은, 곧이어 무대가 중국 뤼순 항으로 옮겨졌고, 본격적인 전쟁으로 번졌다. 점점 세력이 커져만 가는 일본과 러시아 사이에서 가장 큰 위협을 받은 것은 바로 우리나라였다.

안중근은 신문과 잡지를 통해 두 나라의 전쟁과 한국의 사정에 대해 어느 정도는 알고 있었다. 그러나 앞으로 어떻게 하는 것이 나라를 위해 도움이 되는 길인지 막막했다.

그날 저녁 아내에게 여행용 가방에 간단한 옷가지를 담아 놓으라고 말했다.

아내 김아려가 물었다.

"어디를 가시려고요?"

"응! 멀리 다녀올 일이 생겼어."

안중근은 상하이로 가기로 결심한 것이다. 그곳에는 한국 사람들, 특히 독립운동가들이 많이 건너가 있기 때문이다.

"상하이로 가자! 국권 회복 운동을 하기 위해."

중국 산둥 지방을 거쳐 상하이로 간 안중근은 먼저 민영익 집을 찾아갔다. 민영익은 서울에서 대감을 지낸 인물이다. 그런데 문지기가 대문에서 민 대감과의 면담을 거절하며 문전박대를 하는 것이다.

"무슨 연유로 면담을 반대하는가?"

"그건 나도 모르오. 조선 사람은 누구를 막론하고 거절하십니다."

"오늘은 그냥 돌아가지만 내일 다시 오겠소. 나라의 국권을 되찾기 위한 방안을 협의하고자 찾아왔다고 전하시오."

안중근 이렇게 말하고 돌아왔다. 다음 날도 민영익 대감은 마찬가지로 면담을 거절하였다.

그 뒤 서상근을 찾아갔다. 그는 상인으로 큰돈을 모은 사람이다. 그는 일단 만나 주었다.

"나라의 국권을 되찾아야 하오! 이를 위해서는 국민을 계몽하고 교육을 장려하여야 합니다. 이에는 막대한 자금이 필요하오!"

"당신의 말은 옳소! 또 필요성은 인정합니다. 하지만 나는 일개 장사꾼이라 도와드릴 형편이 못되오!"

그도 역시 거절하였다. 안중근은 낯선 땅 상하이에 먼저 온 사람들, 대감을 지낸 사람도 그렇고, 상인도 마찬가지라고 생각하면서도, 하나같이 자기 이해만 따지고 나라를 위한 일에는 별로 마음이 없다는 것을 확인하였다. 생각과 방법이 제각각이라는 사실만을 느꼈다.

어렵게 만난 사람들 가운데는 자신과 가족의 안전만을 위해 망명을 했다는 인상이 깊었다. 외부 사람들과의 접촉을 피하려는 인상이 분명했다.

안중근은 기대를 걸었던 상하이의 유력 인사들의 태도가 무척 싸늘함을 피부로 느꼈다.

안중근은 상하이 성당으로 들어가 간절하게 기도하고 있었다. 그때 상하이 성당 신부가 뒤에서 안중근의 모습을 보다가 기도가 끝나자 다가오며 말했다.

"아니, 토마스! 여기서 자네를 만나다니 반갑구먼. 그런데 무슨 까닭으로 이곳에 와 있는가?"

안중근은 뜻밖에 곽 신부를 보자 깜짝 놀랐다. 신부는 안중근을 반갑게 맞았다. 프랑스 사람으로서, 여러 해 동안 황해도 지방에서 전도하던 곽 신부였다. 두 사람은 반갑게 이야기를 나누었다.

"신부님이 여기 계셨군요? 신부님도 지금의 우리나라 사정에 대해 들으셨는지요?"

"왜 모르겠는가? 벌써 오래전에 들었네."

"나라의 형편이 그와 같아 부득이 가족을 외국으로 옮겨 살게 한 후, 외국에 있는 동포들과 연락하여 여러 나라를 돌아다니며 지원을 얻을까 합니다."

안중근의 말에 곽 신부는 입을 다물고 한참 동안 잠자코 있었다.

"토마스, 자네의 생각에 반대하는 것은 아니야. 우리 프랑스와 독일의 접전 지역인 작은 마을 알자스로렌의 경험을 하나 말해주고 싶네. 우리 프랑스도 독일과의 전쟁 때 많은 사람들이 고통을 겪었지. 비스마르크가 국제법을 무시하고 주민들에게 노동, 방위 등의 일을 강제로 시켰지. 그러자 주민들이 마을을 비운 채 다른 곳으로 이주했어. 그래서 마을이 텅 비고 말았지. 전쟁이 끝난 뒤, 나라에서는 그 지방을 돌려받기 위해 노력했으나 뜻을 이루지 못했어. 이유는 그 지방에 살던 프랑스 사람들이 거의 모두 다른 지방으로 옮겨가서 그 지방에 대한 권리를 주장할 수 없다는 거야. 나라의 힘은 국민에게서 나오는 것이야. 국민들이 나라를 굳건히 지키고 있다면, 일본이 아니라 그 어떤 나라도 한국을 빼앗을 수는 없지. 그런데 한국 사람들이 모두 자네와 같은 생각으로 조국을 떠나 망명을 한다면 나라 안에는 누가 살 것이며, 나라는 누가 지키겠는가?"

안중근은 곽 신부의 말에 가슴이 쓰리고 아팠다. 알자스로렌은 제2차 세계대전이 끝난 뒤 다시 프랑스의 영토가 되었다.

아무리 나라를 사랑한다고 해도, 나라가 어려운 때에 나라를 떠나서는 결코 진정한 애국심을 가질 수 없다는 것을 깨달았다.

곽 신부는 걱정부터 늘어놓았던 것이다.

"한국이 장차 더 위태롭게 되겠어."

“그게 무슨 말씀이십니까?”

“상황이 심상치 않아.”

“신부님, 무슨 소식을 들으셨습니까?”

“일본과 러시아의 싸움이 화근이야. 한국에도 러일전쟁과 같은 상황이 벌어질 것이라는 소문이네. 싸움이 끝나는 대로 일본의 이토 히로부미가 한국으로 건너와 대한제국 정부를 위협하고, 강제로 조약을 맺게 될 것이라는 소식이야.”

이번 러시아와의 전쟁이 일본에게는 한국 침략의 타당성을 합법화하는 계기를 마련해 준 것과 같다는 견해였다.

일본이 러시아에 전쟁을 선포한 글 가운데 동양의 평화를 유지하고 한국의 독립을 굳건히 하겠다고 분명히 밝혔다. 그러나 인천 앞바다에서 러시아와 싸움을 함으로써 일본의 침략 야욕을 거침없이 드러낸 것이다.

침략의 마수를 뽑아 들었음을 암시하는 검은 그림자는 이미 한반도 하늘로 서서히 다가오고 있었다. 일본의 속셈은 한국의 정권을 빼앗으려는 음모로 변하고 있었다.

먼저 한국과 강제 조약을 맺고, 똑똑한 사람들과 청년들을 없앤 뒤, 나라 전체를 삼켜버리겠다는 마수의 전략을 짜고 있는 것이었다.

곽 신부를 만나고 돌아온 안중근은 생각이 착잡해졌다.

"일본의 속셈은 한국을 빼앗기 위한 것이다. 그 이면에는 이토 히로부미의 술수가 숨어 있어! 그가 살아 있는 한 그의 정책에 반대하는 건 무모한 일이다. 그를 없애 버려야 하는데……."

안중근은 기대를 걸고 찾아온 상하이에서 유력 인사들은 말할 것도 없고 곽 신부에게서도 원론적인 이야기만 들었을 뿐, 사실상 협조를 거절당하는 아픔만을 겪은 것이다.

1905년 12월, 상하이로부터 실망만 안고 고향으로 돌아왔다. 남포로 돌아온 안중근은 아버지가 병세 악화로 생명이 위중하다는 말을 듣고 서둘러 청계동 집으로 달려갔다.

"아버지! 중근입니다!"

"오, 오냐. 중-근-이-라-고……"

아버지는 중얼거렸다. 핏기 없는 손을 내밀었다. 안중근은 아버지의 손을 잡아 드렸다. 싸늘하다. 이미 삶의 생명줄이 끊어지는 상황이다. 아버지는 아들이 잡아주는 손을 잡고 세상을 떠났다. 아버지 장례를 모신 뒤 삼년상을 마치기도 전에 평안남도 진남포로 이사했다. 이사한 곳에서 생계를 위해 한때 석탄상회를 경영하였으나 사업이 뜻대로 되지 않았다.

교육을 통한 국민 계몽이 더 필요하다고 생각하여 석탄회사를 정리하고 삼흥학교三興學校를 설립하여 교육 운동에 열정을 쏟았다. 그 뒤 황해도의 천주교 계열 학교인 남포 돈의학교敦義學校를 인수하고 안중근 자신도 교사로 나서서 직접 학생들을 가르쳤다.

1907년 황해도·평안남도·평안북도 3개 도 50여 학교의 학생 5,000여 명이 참가한 연합 운동회가 열렸는데, 안중근 의사가 운영하던 삼흥학교와 돈의학교 팀이 우승을 차지했다. 이는 두 학교가 민족정신이 투철한 인재 양성을 위해 평소 민족교육을 철저히 실시한 결과였다.

안중근 의사의 교육 열정은 오래전에 싹텄다. 민족의식이 투철한 민족 지도자를 길러 내려면 대학 설립이 최우선 과제라 생각하고 뮈텔 주교에게 대학 설립을 요청했지만, 받아들여지지 않았다.

|《안응칠 역사》중 삼흥학교와 돈의학교를 기술한 부분

그래서 안중근은 프랑스어 교육을 스스로 끊었다. 종교는 믿되 서양인에 대한 부정적인 생각이 일어나기 시작한 것이다.

을사늑약

일본이 한국을 침탈하기 위하여 외교권을 빼앗으려고 강제로 체결한 조약. 을사년인 1905년에 맺었다 하여 흔히 을사조약 또는 을사보호조약이라고 부른다.

이 조약의 주요 내용은 한국의 외교권, 경찰권, 군사권 등을 모두 일본이 박탈하여 국제무대에서 한국을 고립시키고, 서울에 일본 통감부를 설치하여 우리나라를 자기들 마음대로 다스린다는 것 등 5개 조항이다.

이완용·이근택·이지용·박제순·권중현 등이 일본 특명전권공사 하야시 곤스케와 맺은 것이다. 조약에 찬성한 대신들은 매국노 또는 을사5적이라는 지탄을 받았다. 조약에 반대한 한규설·민영기·이하영 3 대신은 목숨을 걸고 반대하다가 결국 쫓겨나고 말았다.

을사늑약이 체결되자 국민들은 크게 놀랐다. 이건석·민영환·조병세 등 우국지사들은 나라의 주권을 강탈당했다며 스스로 목숨을 끊고서 항의하고, 전국에서 의병이 일어나면서 항일 구국운동이 전개된 것이다.

03

실행의 리더십

01 의병 활동

일제가 자행한 1907년 고종황제의 강제 퇴위와 한일신협약의 체결, 군대 해산에 따라 전국적으로 의병이 일어나자, 안중근은 독립 전쟁 준비가 필요하다는 생각으로 강원도에서 의병을 일으켰다.

일본군과 싸우다가 국외에서 의병부대를 창설하기 위해서 두만강을 건너 러시아 땅인 블라디보스토크로 가서 계동청년회 임시 사찰이 되었다.

이곳에서 이범윤을 만나 의병부대의 창설을 협의하는 한편, 엄인섭·김기룡 등과 함께 의병부대 창설의 준비 단체인 동의회同義會를 조직하고 최재형을 회장으로 추대했다. 이들은 블라디보스토크의 한인촌을 돌아다니며 독립 전쟁과 교육운동의 필요성을

| 안중근 의사가 국내 진공 작전 시 넘나들던
핫산 부근의 두만강 변

| 두만강 변의 요충지인 회령

설득하고 의병을 모았다. 의병 지원자가 300여 명에 이르렀다.

이때부터 두만강 부근의 노브키에프스크를 근거지로 군사 훈련을 하면서 국내 진공 작전을 준비했다. 1908년 6월에 특파 독립 대장 겸 아령지구 군사령관으로 함경북도 경흥군 노면에 주둔하던 일본군 수비대를 공격하여 크게 무찔렀다.

그 뒤 본격적인 국내 진공 작전을 감행하여 함경북도 경흥과 신아산 부근에서 전투를 벌여 커다란 전과를 올렸다. 많은 포로를 붙잡아 무기를 빼앗았다.

안중근은 포로들에게 말했다.

"너희들은 아시아의 평화를 위해 싸운다고 하고는 어찌하여 우리나라 사람들은 괴롭히는가?"

"대장님! 그건 우리들 생각이나 뜻이 아닙니다. 나라에서 시키는 일이라 거역할 수가 없어요. 이토 때문입니다. 우리도 처자식이 있소이다. 목숨 걸고 싸우는 걸 좋아하지 않아요."

"그렇습니다. 이토는 한국만이 아니라 일본 사람들의 목숨까지도 빼앗는 일에 열중하고 자기 명예만 높이려고 합니다."

안중근 의사는 일본인 프로들의 말을 듣고 고개를 끄덕였다.

"그렇다. 이토의 잘못이야. 너희들을 석방하마. 고향으로 돌아가거라."

그러자 의병 장교들이 펄쩍 뛰며 반대하였다.

"저자들은 우리의 적입니다. 놓아주면 안 돼요. 다시 우리를 습격해 올 겁니다."

"저자들은 우리 의병을 잡으면 가차 없이 죽입니다."

장교들은 포로 석방을 거세게 반대하였다. 그러나 안중근 의사의 생각은 달랐다.

"일본 군대가 그렇다는 것은 나도 잘 안다. 그렇다고 우리마저 그럴 수는 없지 않나? 그대들은 이 문제에 대해 더는 말하지 말라."

안중근 의사는 의병 장교들의 반대에도 불구하고 전투에서 사로잡은 일본군 포로를 국제 공법에 의거해서 풀어 주었다. 그러자 일부 의병 장교는 자기 휘하 의병들을 데리고 부대를 떠나는 것이었다. 풀려난 그 포로가 일본군 부대로 돌아가 안중근이 이끄는 의병군의 정보를 소상하게 제공하였다.

"가자! 안중근 의병부대를 소탕하자."

이리하여 안중근 의병부대는 일본군의 기습 공격을 받았다. 일부 장교들이 부대를 떠났고, 먼저 전쟁으로 피로가 풀리지 않은 시점에서 기습 공격을 당해 전투력이 많이 떨어진 상태이었다.

안중근 부대는 산속에서 일본군에게 포위를 당하고 말았다. 그날 밤 비는 거세게 내렸다. 다음 날도 비는 계속 쏟아졌다. 의병들이 이곳으로 온 지도 어느새 40여 일이 되었다. 식량은 떨어져가고 정말 견디기가 어려웠다. 의병들은 나무 열매를 따 먹거나 풀뿌리를 캐어 허기진 배를 채우기도 했다. 옷을 찢어 떨어진 신발을 싸맸다. 그러면서 왜병과 싸웠으나 중과부적으로 대항한다는 것 자체가 무리였다.

"할 수 없다. 이대로 버티다가는 전멸하겠다. 처참하게 죽을 수는 없다. 각자 재주껏 이 위기에서 탈출하라."

안중근은 비장한 각오로 말했다. 구사일생으로 포위망을 벗어난 안중근은 블라디보스토크로 돌아왔다. 의병을 다시 일으키려고 했으나 많은 사람들의 비판이 쏟아졌다.

안중근은 대한제국 말기 때 계몽운동 계열의 근대화론에 영향을 받아 계몽운동에 참여하면서도 일제에 대한 폭력 투쟁, 즉 의병 활동을 통한 독립운동으로 활동의 영역을 넓혀 나갔다.

그 당시의 세계정세는 강한 나라가 약한 나라를 침략해 식민지로 삼는 이른바 약육강식이 거세게 일어났다. 서양의 열강 세력이 동양으로 침략의 마수를 들이댔고, 서양의 문물을 일찍 받아들여 부강해진 일본은 서양 열강의 침공을 교묘하게 이용하면서 침략 전쟁을 일삼기 시작하였다.

그러므로 안중근은 동양의 작은 나라 민족이 일치단결하여 서양 세력의 침략을 적극 방어하는 것이 가장 중요한 임무라고 보았다. 따라서 안중근은 동양 평화를 위하여 서양의 동양 침략 발판이 된 러일전쟁 때 동양 평화론을 주장한 것이다.

일본은 동양 평화를 유지하고 대한제국의 독립을 공고히 한다는 구실을 내세워 한반도로 러시아를 끌어들여 인천 앞바다에서 싸움을 시작하였다.

그런데 러일전쟁이 일본의 승리로 끝나면서 일본은 영국과의 동맹을 강화했다. 이로써 동양 평화의 희망은 무너졌고, 한국은 일본에게 국권을 빼앗기는 국란을 맞았다. 그 때문에 대한제국은 일본을 원수의 나라로 여겼고, 한국인들은 일본에 맞서 독립운동을 벌이기 시작하였다.

안중근 의사는 일본이 스스로 존재하는 길은 한국의 국권을 되돌려 주고, 동양 평화를 실현하며 만주와 청나라에 대한 침략 야욕을 버린 뒤 3국이 서로 독립 국가로서 동맹하여 서양 세력의 침략을 막고 개화의 무대로 나아가서 유럽 및 세계 각국과 더불어 평화를 위해 다 함께 노력해야 한다고 주장했다.

그러나 일본은 침략의 야욕을 접기는커녕 더욱 거칠게 몰아붙였다. 1905년 이후 대부분의 계몽운동 및 독립운동가들이 일본 관헌들에게 체포되거나 투항하는 모습이 여러 곳에서 빚어졌다.

하지만 안중근은 의병을 모으고 일본군과 맞서 싸우는 폭력 투쟁으로 독립운동을 전개하였다. 이는 안중근 특유의 독립정신이자 독립운동의 사상적 특징이 되었다.

02 난적들과의 싸움

1894년, 그 당시 우리나라 여러 곳에서는 동학교도들이 벌떼처럼 일어나 동학운동을 일으킨 때였다.

동학운동이란, 탐관오리를 몰아내고 외국에 나라를 팔아먹던 세력을 축출하기 위한 운동이었다. 그리하여 나라를 바로잡고 농민을 잘살게 하자는 것이었다.

그런데 한편에서는 이 동학의 이름을 팔아 죄 없는 관리들을 죽이고 백성의 재산을 마구 빼앗아 가는 난적의 무리들이 생겨났다.

그러나 당시의 우리나라 군대에겐 이들의 행패를 막을 만한 힘이 부족했다. 동학군의 저항이 계속되자 청나라와 일본에게 도움을 청하였다. 그런데 오히려 이것이 화근이 되어, 일본과 청나라의 군인들이 우리나라에서 서로 싸움으로써 마침내 더 큰 전쟁이 일어나고 말았다.

이 틈에서 동학의 이름을 빙자한 무리들이 난적의 패거리를 이루어 행패를 심하게 부렸다. 그때 안중근의 아버지는 동학군을 빙자한 난적 무리들의 횡포에 견디기가 어려워, 뜻이 맞는 젊은이들을 모으기 시작했다.

아버지는 산채에서 개인적으로 사병들을 양성하고 있었다. 그래서 동학 농민운동을 빙자한 난적들이 일어났을 때 자발적으로 의병을 일으켜 토벌했던 경험이 있었다.

그런데 이번에 나타난 난적의 행패는 그때의 난적과는 상당한 차이를 보였다.

황해도관찰사의 요청으로 아버지는 산포군山砲軍을 조직해 난적 진압 작전을 펼치자 소년 안중근도 난적 토벌에 나서서 기습전을 감행하는데 참여하였다. 그때 안중근은 열다섯 살 나이로 결혼한 신랑이었다.

이때의 기습전 가운데 '박석골 전투'가 가장 치열하였다.

한편으로는 총 잘 쏘는 포수들을 동지로 삼아 난적들과 맞서 싸웠다. 그 무리의 우두머리였던 원용일은 2,000여 명의 도당을 이끌고 있었다. 반면에 안중근의 아버지가 이끄는 의병의 수는 불과 70여 명밖에 되지 않았다. 70여 명이 2,000명이 넘는 난적과 싸위 이긴다는 것은 불가능한 일이었다.

“계략이 필요하다. 그냥 힘으로 몰아붙여서는 우리가 이길 수 없다. 거기다가 날씨까지……”

때는 12월이었는데, 겨울 날씨답지 않게 포근한 날이 계속되었다. 마침 비가 내리기 시작했다. 온종일 내린 비가 옷 속에 스며들었다가 얼어붙는 바람에 온몸의 열기를 빼앗겨 버렸다.

밤이 되면서 기온이 떨어지고 점점 추워졌다. 의병들은 싸움은 커녕 점점 몸과 마음이 지쳐만 갔다.

“대장님, 이렇게 군사들이 지쳐 있는데, 어떻게 저 많은 난적의 무리들과 싸워 이긴다는 말입니까?”

그 순간 안중근의 아버지에게 좋은 생각이 떠올랐다.

“바로 그거야.”

“아니 대장님, 무슨 좋은 묘책이라도 있나요?”

“있지! 이렇게 비가 오고 차가운 날씨는 우리에게만 힘든 것은 아닐 거야. 난적들도 마찬가지일 거야. 멀리 가지 못하고 비를 피하고 있을 게 틀림없어.”

“그렇겠군요. 그렇다면 우리가 조금만 힘을 모은다면 승산이 있겠네요.”

“그렇지. 우린 상대적으로 숫자가 적기 때문에 이대로 난적의 공격을 기다리고만 있다가는 꼼짝없이 포위를 당하고 말아. 그렇게 되면 제대로 싸워 보지도 못하고 적들에게 당한다."

"그렇다면 우리가 먼저 공격합시다."

"좋아! 공격하는 시간은 내일 새벽으로 하자."

"지금, 어두운 밤을 이용하는 편이 어떨까요?"

"지금은 때가 아니야. 내일 새벽, 저들이 깊은 잠에 빠진 틈을 이용해서 공격하는 거야."

드디어 새벽이 되고, 첫 닭이 울 무렵, 의병들은 새벽밥을 지어 먹고 싸울 준비를 서둘렀다. 우선 선발대로 특공대 40명을 뽑아 습격을 감행했다. 40명의 특공대 중에서도 제일 선봉대가 일곱 사람이었는데, 선봉대장은 안중근이었다. 제일 선봉대는 난적이 무엇을 하는지 자세히 살폈다. 그리고 특공대 대원을 안내하는 일도 맡았다.

새벽이 되면서 밤새 내리던 비는 그쳤지만, 어제 하루 동안 내린 비 때문에 땅은 빗물과 흙이 섞여서 몹시 질퍽거렸다. 어떤 곳은 추운 날씨로 인해 얼음이 얼어서 걷기조차 어려울 만큼 미끄러웠다.

안중근은 적이 숨어 지내는 마을 가까이 가서 난적들의 동태를 살폈다. 아직 이른 새벽이라 의병들이 공격해 올 것이라는 생각을 하지 못한 듯이 깊은 잠에 빠져 코를 골고 있었다. 대부분의 난적들은 총을 풀어둔 채 잠에 빠졌다. 보초를 서는 보초병조차도 잠들어 있었다. 그때 안중근은 난적들이 잠들어 있는 마을에서, 희미한 불빛 아래 깃발이 휘날리고 있는 것을 발견했다.

"저 깃발은! 바로 적장이 머무는 곳일 거야. 틀림없어."

"어떻게 할까요?"

"강 동지, 강 동지는 적장이 이곳에 있다는 사실을 특공대에게 알리고, 우리는 적장을 습격합시다. 적장만 잡으면 그 조직이 오합지졸이라 무너지고 말 겁니다."

"대장님, 강 동지가 떠나면 여섯 사람밖에 안 되는데, 어떻게 싸울 수 있습니까?"

"우린 충분히 해낼 수 있어. 지금 기회를 놓치면 다시는 기회가 없을지도 몰라."

안중근의 말에 의병들은 다시 한 번 뭉쳤다. 특공대에게 적장의 위치를 알린 뒤, 선봉대원들은 적장을 공격하기 좋은 곳에 몸을 숨기고 안중근의 신호를 기다렸다. 그리고 잠시 후 조용한 새벽 공기를 가르며 총소리를 울렸다.

"탕!"

"탕탕탕, 타앙 탕탕……"

어느새 조용하던 마을은 온통 총소리로 흔들렸고, 총알은 어젯밤에 내린 빗줄기처럼 쏟아졌다. 총소리에 놀라 밖으로 나온 적장은 그 자리에서 총을 맞고 쓰러졌다. 잠결에 뛰쳐나온 난적들은 옷도 제대로 입지 못했으며, 총을 손에 쥐어 볼 틈도 없이 의병들이 쏜 총을 맞고 쓰러졌다. 그뿐만 아니라 서로 밀치고 밟으며 산으로 도망치느라 아우성들이었다.

본부에 남아 있던 의병들이 즉시 선봉대에 가세했다. 남아 있던 난적들은 갑자기 밀어닥친 의병들에게 놀라 뿔뿔이 흩어져 버렸다. 그렇게 밀어닥친 의병들에게 난적들은 총 한번 제대로 쏘지도 못하고 무너져 버렸다. 난적들이 도망간 자리에는 수많은 식량과 탄알, 그리고 갑옷과 총 등이 그대로 쌓여 있었다. 70여 명에 불과했던 의병들은 단 한 사람의 희생도 없이 2,000여 명의 난적들을 물리치고 승리를 거두었다.

“만세! 만세! 만세!”

의병들은 만세를 부르며 덩실덩실 춤을 추었다. 안중근도 의병들과 함께 만세를 불렀다.

동학운동

동학_{東學}은 서양의 새로운 학문과 천주교를 지칭하는 서학_{西學}에 상반되는 이름이다. 조선 철종 때인 1860년 최제우가 창시한 신흥 종교이다.

정치의 문란, 외국의 간섭에 사회적인 불안까지 겹쳐지자 정치의 부패, 탐관오리의 행패, 지나친 세금의 징수 등으로 농민들이 심한 고통을 겪게 되었다.

이에 동학당이 중심이 되어 농민운동을 일으켰다. 전라도 고부 지방을 중심으로 시작된 동학운동은 전국 여러 지역으로 확산되면서 일종의 민중 반란으로 번졌다. 이와 함께 동학운동을 빙자한 도둑떼까지 일어났다.

양반 사회와 관료들의 부패, 외국의 침략에 대항하여 일어난 민족 운동이었으나, 청나라와 일본 군대를 끌어들였고, 한반도를 청일전쟁터로 제공한 셈이다. 위정자의 반성과 각성을 촉구하여 갑오개혁의 정치적 혁신을 가져왔다.

03 독립군 참모중장

1907년 봄, 안중근은 삼흥학교와 돈의학교에서 학생들을 가르치는 일에 열정을 쏟고 있었다. 젊은 사람들과 재주가 뛰어난 사람들을 모아 가르치면서 나라를 위해 새로운 일을 해야겠다는 생각에 잠겼다.

그때 손님이 찾아왔다. 손님은 러시아에서 왔다는 김 진사라는 사람이었다. 손님은 자신이 안중근의 아버지와 친구 사이였다고 말했다.

"나는 오래전부터 자네 아버지와는 절친한 사이였네. 그래서 자네에 대해서도 많이 들었지. 역시 아버지가 들려준 그대로군. 그러나 자네는 나를 잘 모를 걸세."

"저에게 무슨 하실 말씀이 있어 이렇게 먼 길을 오셨습니까?"

안중근은 혹시 아버지가 돌아가시기 전에 남기신 말이라도 있을까 하여 손님에게 더욱 예를 다하며 정중하게 모셨다.

"나는 자네같이 용감하고 씩씩한 사람이 이렇게 앉아 있다는 게 안타까울 따름일세. 나라가 어지러운데 그렇게 앉아 있으면 어쩌나?"

갑작스런 손님의 말에 안중근은 놀라지 않을 수 없었다.

"지금 백두산 뒤 만주 땅 서북 젠다오와 러시아 땅인 블라디보스토크 등지에는 우리나라 사람 100여만 명이 살고 있네. 그뿐만 아니라 그곳은 물자가 풍부하니, 자네처럼 재주가 뛰어난 사람이 그곳에 가면 반드시 나라를 위해 큰 업적을 이룰 것이라고 믿네."

안중근은 김 진사에게 큰절을 올렸다. 자신을 믿어 준 데에 대한 감사한 마음으로 절을 한 것이다. 그 무렵 민족의 원흉 이토 히로부미는 서울에서 한·일 협약을 강제로 맺고, 헤이그 밀사 파견을 구실로 삼아 고종황제를 폐위하고 군대를 해산시켰다.

그러자 국민들은 분노하며 여기저기서 의병을 일으켜 일본 군대와 싸우기 시작하였다.

안중근은 김 진사를 따라 두만강을 건너 러시아 블라디보스토크로 갔다. 그곳에는 한국 학교도 두 군데가 있었고, 청년회도 있었다. 한국인들도 무려 5,000여 명이나 살고 있었다. 참으로 놀라지 않을 수 없었다.

안중근은 그곳에서 청년회에 가담했다. 청년회에서 활동하던 안중근은 어느 날 러시아에서 온 이범윤이라는 사람을 만났다. 그는 안중근보다 23세나 위였다.

이범윤은 러일전쟁 전에 북젠다오에 사는 한국 사람들을 관리하는 직책에 임명되어 청나라 군사들과 수없이 싸웠던 사람이다.

러일전쟁 때는 러시아 군사들과 힘을 합하여 싸웠고, 러시아 군대가 싸움에 지고 돌아갈 때에 함께 러시아 영토로 들어가 지금까지 그곳에서 살고 있었다.

안중근은 이범윤이라는 사람이 마음에 들고 믿음직스럽다고 여겼다. 그와 뜻을 같이 할 수 있다고 생각했다.

"이 선생님은 러일전쟁 때 러시아 군대를 도와 일본군과 싸우셨는데, 그것은 하늘의 뜻에 따른 것이라고 생각합니다."

"무슨 뜻인가?"

"지금 이토 히로부미가 망령되고 교만해서 위로는 임금님을 속이고, 또 아래로는 백성들을 함부로 죽이며, 이웃 나라와의 의리를 끊고 하늘의 뜻을 거스르고 반역하는지라, 어찌 오래갈 수 있겠습니까?"

"옳은 지적이야!"

"속담에 이르기를 '해가 뜨면 이슬이 사라지는 것이 이치요, 해가 차면 반드시 저물어 가는 것이 또한 그 이치'라고 했습니다. 이제 선생님께서는 임금님의 거룩한 은혜를 받고도 이같이 나라가 위급한 때를 만났는데, 그냥 구경만 하고 계시겠습니까? 만일 하늘이 주신 것을 받지 않으면 도리어 그 화를 받게 되는 것이라, 원하건대 선생님께서는 어서 빨리 큰일을 일으켜서 때를 놓치지 않으시기를 바랍니다."

안중근의 말을 듣고 난 이범윤은 크게 탄식하며 말했다.

"자네 말이 하나도 틀리지 않아, 모두 옳아. 그러나 지금 자금이나 군대를 마련할 길이 전혀 없으니 어찌하겠나?"

"조국의 흥망이 조석에 달렸는데, 기다린다고 자금이 들러오고 군대가 하늘에서 떨어집니까? 하늘의 이치를 받들고 사람의 뜻을 따른다면 무슨 어려움이 있겠습니까? 이제 선생님께서 의거를 일으키신다면, 제가 비록 재주는 없으나마 만분의 일이라도 힘이 되겠습니다."

그런데도 이범윤은 쉽게 결정을 내리지 못했다. 안중근은 여러 곳으로 뛰어다니며 자금을 모았다. 나라를 구하겠다는 안중근의 연설에 감동해, 협조하는 사람들이 나타났다. 이범윤을 총독으로, 김두성을 대장으로 추대하고 안중근은 참모중장 겸 특파 독립대장이 되었다.

1908년 6월, 안중근은 의병을 거느리고 두만강을 건넜다. 낮에는 산길을 따라 가고, 밤에는 들판 길을 걸어 함경북도 경흥에 도착했다. 안중근이 이끄는 의병들은 함경북도에 진을 치고 있는 일본군과 싸우기 시작하였다. 초반에는 의병들이 힘을 모아 일본군을 무찔렀다.

그러나 싸움이 계속되면서 산속에는 먹을 것도 떨어져 가고, 의병들도 점점 지쳐만 갔다. 의병들은 서로 도와가며 산속을 헤쳐 나갔다. 계속되는 싸움 끝에 많은 의병이 목숨을 잃었다.

장마가 시작되면서 상황은 더욱 어려워졌다. 한 달이 넘도록 산속에서 싸움이 계속되자, 그동안 먹을 것과 옷가지를 대주던 주변의 마을 사람들도 점차 의병들을 외면하기 시작했다. 더구나 의병들을 도와준 마을 사람들이 일본군에 의해 살해되는 일까지 생겼다.

"장군님, 마을에서는 주민들이 살해되고, 우리 의병들도 지칠 만큼 지쳤습니다. 여기서 시간을 낭비하느니 잠시 몸을 피해 다시 의기를 투합하여 다음 기회를 노리는 편이……."

"나는 그럴 순 없소. 나는 내려가 일본군과 맞서 싸울 테니, 그만두고 싶은 사람들은 산에서 내려가도 좋다."

안중근은 눈앞에 보이는 일본군을 그대로 두고 몸을 피한다는 것이 부끄럽다고 생각했다.

"장군께서는 지금 장군 한 사람만을 생각하시는 겁니다. 수많은 의병의 생명과 앞으로 우리가 해야 할 많은 일을 왜 생각하지 않으십니까?"

이 말을 들은 안중근은 다른 의병들의 의견도 물어보았다. 의병들 중에는 전쟁이 힘들어서 자살하고 싶다는 의병도 있었고, 일본군과 의병 중 누가 이기더라도 상관없다는 의병도 있었다. 이렇게 몸과 마음이 모두 지쳐 버린 의병들을 데리고 싸움을 계속한다는 것 자체가 힘들어 보였다.

"그대들의 말이 맞소. 오늘 내가 한 번 죽으면 다시는 세계에 안중근은 없을 것이오. 더 큰 목적을 이루기 위해 나는 오늘 잠시 굽히기로 했소. 하늘도 우리를 도와줄 것이오."

일본군을 피해 길을 찾아 산속을 헤매던 의병들은 어느 날, 한 노인의 집을 찾았다. 노인은 의병들에게 먹을 것을 주며 위로했다. 그 노인은 일본군을 피해 두만강을 건너는 길을 알려 주었다. 의병들은 노인이 알려 준 길을 통해 두만강을 건너 블라디보스토크 방면에 이르렀다.

한 달 반 동안 계속된 싸움으로 지쳐버린 안중근은 어느 민가에서 열흘간 치료를 받은 뒤 블라디보스토크로 갔다.

이범윤과의 만남

안중근은 이범윤을 만남으로써 의병 활동을 시작했다. 서울 출신인 이범윤은 1902년에 만주 젠다오 시찰사로 파견되어 젠다오 지역에 살고 있는 교포들의 생명과 재산보호 등을 하면서 인연을 맺었다.

러일전쟁이 일어나자 젠다오 교포 자치대인 사포대를 이끌고 일본군과 싸우다가 러시아로 망명하여 한인 중학교 교사로 있으면서 창의회를 조직하고 의병을 모집하며 의병 활동에 앞장섰다. 1909년부터 유인석 등과 함께 일본의 국권 강탈을 저지하는 운동을 전개하였다.

안중근·전제덕에게 의병을 이끌고 함경북도 지방의 일본군을 공격하여 무찌르는 큰 성과를 거두었다. 1920년 김좌진 장군의 북로군정서와 연합하여 청산리 전투에서 일본군을 대파하고 큰 승리를 거두었다. 1925년 만주 성동사관학교 고문으로 활동하였다.

1962년 대한민국 건국공로훈장 복장이 추서되었다.

04 뜻밖의 봉변

두만강을 건너 러시아 땅으로 들어간 안중근 의사는 러시아—한국 국경 지대 블라디보스토크의 민간인 통제 구역인 로추카노프카 마을에 짐을 풀었다.

한국식 명칭으로는 연해주의 연추하리라고 불리는 마을, 민간인들이 자유롭게 오갈 수 없는 특수한 통제 구역이다.

"여기라면 의병 활동을 하는데 별 지장이 없겠다."

안중근은 이렇게 생각하고 의병대 조직을 시작하였다. 그러니까 안중근 의사가 러시아 지역에서는 처음으로 의병 조직인 동의회를 조직하고 항일 무장 투쟁을 전개하기 시작한 곳이다. 이때가 1908년 4월이다.

안중근 의사는 1905년 조선을 사실상 일본의 식민지로 만든 을

사늑약이 체결된 것에 저항하여 독립운동에 투신했다.

안중근 의사는 의병 참모중장으로서 국권 회복을 위해 의병부대를 이끌고 국내 진공 작전을 전개했고, 민권이 보장되고 자유를 누릴 수 있는 사회 정의를 외쳤다.

이토를 저격한 뒤 옥중에서 순국 직전까지《동양 평화론》을 저술하였다. 이러한 안중근 의사의 동양 평화 정신에 중국인들도 크게 감동하면서 한국인인 안중근 의사를 영웅으로 받들어 추앙하고 존경하였다.

중국인들이 안중근 의사를 존경하는 까닭은, 1909년 10월 26일 중국 하얼빈 역에서 이토 히로부미를 저격한 대한민국의 영웅이기 때문이다.

안중근은 헤이룽 강을 건너 하바로프스크로 향했다. 그곳에 도착해서는 유지들의 집과 학교 등 동포들이 있는 여러 곳을 돌아보았다.

어느 날, 길을 가던 안중근은 누군가 자신의 뒤를 따라오는 것을 느꼈다. 그러나 안중근은 가던 길을 계속 걸었다. 아무도 없는 산골짜기에 이르자 갑자기 여러 명이 떼를 지어 달려들며 둘러싸고 소리쳤다.

"의병대장 잡았다! 의병대장을 잡았어!"

괴한 중의 한 사람이 물었다.

"너는 어찌하여 나라에서 하지 말라는 의병을 일으켰느냐?"

안중근은 괴한들 앞에서 당당하게 말했다.

"너희들은 도대체 어느 나라 사람들이냐? 지금 우리나라는 껍데기만의 나라일 뿐, 이토 히로부미의 나라나 마찬가지다. 이러한 때에 가만히 앉아 자신의 일신만을 생각한다는 것은 이토 히로부미와 다를 것이 없다."

그러나 괴한들은 안중근을 없애 버려야 한다며 마구 때리기 시작했다.

"너희들이 여기서 나를 죽이면, 우리 동포들이 너희를 그냥 두지 않을 것이고, 또한 하늘이 너희를 용서하지 않을 것이다. 한국인의 긍지를 버리지 마라."

안중근의 말에 괴한들은 난동을 멈추고, 어찌할 바를 모르는 듯 서로 눈치만 보았다.

"김동식, 네가 처음 시작한 일이니 알아서 해."

이렇게 말하고는 모두 도망쳐 버렸다. 홀로 남은 그도 안중근의 눈치를 보다가 사라졌다. 김동식을 비롯한 괴한들은 일본인들의 앞잡이로, 안중근을 잡아오면 상을 주겠다는 말에 속아 안중근을 잡아가려고 했던 것이다.

05 약손가락 자르고 단지 동맹

안중근 의사는 이토 히로부미를 저격하기 8개월 전에 러시아의 크라스키노연추하리 마을로 가서 동지 열한 사람을 모아 놓고 의논하였다.

이날이 1909년 2월 7일이다. 이날 모인 사람은 안중근이 노브키에프스크에서 함께 의병 활동을 전개하던 중에 만난 강순기·강창두·김기용·김백춘·김천화·박봉석·백규삼·유치홍·정원주·조응순·황병길 등 11명이다. 이들은 이날 단지회斷指會라는 이름으로 비밀결사를 조직하였다.

안중근은 포함한 12명의 단지회 회원은 침략의 원흉 이토 히로부미를 암살하기로 하고, 3년 이내에 성공하지 못하면 자살로 국민에게 속죄한다는 맹세를 굳게 한 것이다. 이때 안중근 의사는 동지들에게 강조하였다.

"우리들은 지금까지 나라를 위해 한 것이 아무것도 없는 것 같소. 더구나 자꾸 우리들을 음해하려는 자들이 늘어가고 있소. 이에 오늘, 우리들은 손가락을 끊어 맹세를 같이하여, 다시 한 번 나라를 위해 몸과 마음을 합하도록 합시다."

안중근은 대한 독립의 굳은 의지를 동지들에게 보여주고 싶었다. 그의 말을 들은 독립운동 투사들이 한마음으로 찬성하였다. 단지 동맹을 결성할 때 안중근 의사는 단지 동맹 동의단지회 취지문에서 이렇게 밝혔다.

| 안중근 의사와 단지 동맹의 동지 황병길과 백규삼

단지 동맹 동의단지회 취지문

"오늘날 우리 한국 인종이 국가가 위급하고 생민이 멸망할 지경에 당하여 어찌하였으면 좋을지를 모르고 혹 왈 좋은 때가 되면 일이 없다 하고, 혹 왈 외국이 도와주면 된다 하나, 이 말은 다 쓸데없는 말이니 이러한 사람은 다만 놀기를 좋아하고 남에게 의뢰하기만 즐겨하는 까닭이라.

우리 2,000만 동포가 일심 단체하여 생사를 불고한 연후에야 국권을 회복하고 생명을 보전할지라. 그러나 우리 동포는 다만 말로만 애국이니 일심 단체니 하고 실제로 뜨거운 마음과 간절한 단체가 없음으로 특별히 한 회를 조직하니, 그 이름은 동의단지회라.

우리 일반 회우가 손가락 하나씩 끊음은 비록 조그마한 일이나 첫째는 국가를 위하여 몸을 바치는 증거요, 둘째는 일심 단체하는 표시라, 오늘날 우리가 더운 피로써 청천백일하에 맹세하오니 작금 위시하여 아무쪼록 이전 허물을 고치고 일심 단체하여 마음을 변치 말고 목적에 도달한 후에 태평 동락을 만만세로 누리 옵시다."

마침내 열두 사람이 각각 왼손의 약손가락, 곧 무명지의 마지막 끝 마디를 자르고, 그 피로써 태극기에다 '대한독립'이라고 쓴 뒤 대한 만세를 소리 높여 세 번 부른 다음, 하늘과 땅에 맹세를

안중근 의사의 5대조 안기옥 대에 이르러 무과에 급제, 관직 벼슬을 얻었다. 안기옥은 영풍·지풍·유풍·순풍 등 네 아들을 두었는데, 이들도 모두 무과에 급제하였다.

이처럼 향리 가문의 4형제가 모두 무과에 급제한 것은 가문의 위상을 높인 쾌거였음에 틀림없다.

안중근은 네 명의 선조 가운데 둘째인 지풍의 후손이다. 지풍의 장남 정록, 유풍의 아들 두형, 유풍의 손자 인환, 순풍의 아들 신형 등도 모두 무과에 급제하였다.

안유풍의 손자 인권이 절충장군의 품계를 받았고, 인필이 중앙 군사 조직인 오위의 정6품 군직인 사과가 되었고, 안정록의 아들이자 안중근의 할아버지인 인수는 통훈대부와 진해 현감을 지냈다.

이처럼 명망 높은 가문에서 출생한 안중근은 태어날 때 등에 팥알만 한 검은 점이 일곱 개가 있다 하여 화제가 되었다.

안중근의 어린 시절 이름은 응칠應七이었는데, 그 이름은 바로 안중근 의사의 등에 난 일곱 개의 점과 어머니인 조 부인이 꿈에 본 북두칠성의 운기를 타고 태어난 아기라 해서 그렇게 지은 것이다.

그 후 결혼한 뒤 이름을 응칠에서 중근으로 바꾸었다.

그것은 안중근의 성격이 좀 가볍고 급했던 탓에, 그러지 않기를 바라는 마음에서 무거울 중重 자에 뿌리 근根 자를 써서 중근이라고 고쳤다.

하지만 안중근 자신은 응칠이라는 이름을 즐겨 썼는데, 특히 망명 생활을 하는 동안 국외에서 많이 사용했다.

1884년 갑신정변 이후 개화당 정객의 식객으로 있었던 아버지 안태훈이 척신 정권에 의해 죽음을 당할 위기에 놓이자 할아버지는 아들을 살리기 위해 일가를 이끌고 황해도 신천군 두라면 청계동으로 이사했다. 사실상의 피신을 한 것이다.

1904년 평양에서 석탄 장사를 하다가, 1905년 대한제국을 사실상 일본의 식민지로 만든 을사늑약이 체결되는 것을 보고 이에 저항해 독립운동에 투신했다.

안중근이 태어날 때의 태몽胎夢과 북두칠성 이야기는 동화처럼 전해온다. 응칠이를 임신할 때 어머니 조 부인과 아버지 안태훈이 주고받은 꿈, 태몽과 어린 시절 이야기는 마치 옛날이야기 속의 주인공 같다. 그 아름다운 꿈 이야기를 재구성한다.

안 진사 댁에서는 어린아이의 책 읽는 소리가 그치지 않았다. 낭랑한 목소리가 우렁차게 울려 퍼지는 것이었다. 집 앞을 지나다니는 이웃집 아낙네들이 부럽다는 듯이 말을 주고받았다.

"제법인 걸! 책 읽는 소리가……."

"암! 두말하면 잔소리지."

아낙네들이 칭찬한 아이는 바로 응칠이었다. 응칠은 안 진사 댁의 손자 중근이다.

중근은 어머니 조 부인이 남다른 태몽을 꾸고 태어났다 하여 이웃 아낙네들이 매우 신기하게 여겼다.

부인이 말하자 안 진사도 말을 했다.

"어젯밤에 꿈을 꾸었는데, 생각해 보니 태몽인 듯해요."

"나도 간밤에 꿈을 꾸었지. 안방으로 들어가려고 방문을 여는데 커다란 호랑이가 안방에서 다리를 쭉 뻗고 앉아 있어 깜짝 놀랐지. 조심스레 들어서니까 호랑이가 내게 큰절을 하더니 슬그머니 밖으로 나가는 게야. 아무래도 아들을 낳을 태몽인가 하오."

안 진사의 말에 조 부인은 더욱 신기한 듯 말을 이었다.

"어젯밤 내 꿈도 이상하다오."

"무슨 꿈인지 궁금하군."

안 진사는 아내의 말에 호기심이 생겨 부인 곁으로 다가앉으며 말했다.

"어젯밤 꿈에 북두칠성을 봤어요. 일곱 개의 별이 우리 집 마당으로 떨어졌는데, 그중 제일 큰 별 하나가 제 앞치마에 떨어져 반짝이는 빛을 내고 있었어요."

"그래요? 아마도 하늘에서 당신에게 훌륭한 아기를 내려 주실 모양이오."

안 진사와 조 부인은 장차 태어날 아기에 대해 이야기를 나누며 밤을 지새웠다.

그 뒤 조 부인은 건강한 사내아기를 낳았다.

태어난 아기의 울음소리는 온 집 안을 울릴 만큼 크고 우렁찼다. 밖에서 기다리던 안 진사는 아기의 울음을 듣자 기뻐서 어쩔 줄을 몰랐다. 동네 사람들도 아기의 울음소리를 듣고는 안 진사 댁에 경사가 났다며 축하해 주었다.

태어난 아기를 보기 위해 안으로 들어간 안 진사는 부인의 손을 꼭 잡아 주었다.

"여보, 건강한 아기가 태어난 것 같소. 이제 우린 그 아기를 꿈에서 본, 범과 북두칠성처럼 큰 사람으로 키워야 할 거요."

"아기가 이렇게 클 수가 없어요. 딴 아기의 두 배는 되는 것 같아요. 제 엄마가 이놈 낳느라고 얼마나 고생을 했는지 몰라요."

조 부인이 아기를 낳을 동안 옆에서 지켜보던 큰형수의 말이다. 큰형수는 건강한 사내아기가 태어난 것이 축복인 듯 만족하게 여겼다.

"아니, 등에…… 아기의 등에 이상한……."

아기 목욕시키던 큰형수는 깜짝 놀라지 않을 수 없었다. 모두들 큰형수의 말에 놀라서 아기 등을 보았다. 갓 태어난 아기 등에 팥알만 한 검은 점 일곱 개가 있었다.

조 부인이 고개를 돌려 아기 등의 점을 보았다.

"꿈에 북두칠성이 우리 마당에 떨어졌어요. 그중 제일 큰 별을 제가 앞치마에 담았어요."

조 부인은 꿈에 본 큰 별 이야기를 했다.

"이 아기가 우리 문중에 큰 빛을 내려는가 보오."

이렇게 등에 일곱 개의 큰 점을 달고 태어난 아기가 바로 안중근 의사이다.

02 할아버지의 교훈

안중근은 살림이 넉넉한 집안에서 태어났다. 그렇지만 거만하거나 으스대지도 않았다. 이런 까닭은 어려서부터 할아버지로부터 "사람은 늘 겸손하고 어진 말을 하고 품행이 단정해야 장차 어른이 된 뒤에 큰 사람이 될 수 있다."라는 말을 들으며 자랐기 때문이다.

할아버지와 아버지는 넉넉한 집안의 어른답게 가난한 사람들을 돌보는 일이라면 언제나 앞장섰다. 그런 연고로 주변에는 할아버지와 아버지를 존경하고 따르는 사람들도 많았지만, 두 사람의 인기에 대해 시샘하는 사람들도 생겼다.

1884년, 나라에서는 청년들에게 새로운 학문을 익히고, 선진 서방 문화를 보고 배울 기회를 주기로 했다. 건강하고 똑똑한 청년을 뽑아 국외 시찰을 시켜주기로 한 것이다. 국자생國子生으로, 일종의 단기 유학 연수인 셈이다. 안중근의 아버지도 70명의 청년단에 뽑혔다. 그런데 국외 시찰의 기회를 얻은 70명 가운데 안중근의 아버지와 박영효 등은 나쁜 모함에 빠지게 되었다. 아버지와 박영효를 싫어했던 무리들이 퍼뜨린 소문 때문이었다.

"나라를 배신하고 반역을 음모하는 자들이, 오히려 나라의 혜택을 입고 시찰을 떠나려 하는 것은 말도 안 된다."

"박영효는 반역을 음모한 자요, 안태훈도 딴마음을 품고 있다. 그런 자들을 나랏돈으로 나들이를 보낸다고?"

소문은 꼬리를 물듯 퍼져 나갔다. 그러자 나라에서는 소문의 근원지를 찾는다며 군사를 풀어 박영효를 잡아들이라는 명령을 내렸다. 그러자 박영효는 몸을 피해 일본으로 떠났고, 아버지는 고향 집으로 돌아와 숨었다.

나라가 점점 어려워지면서 젊은 청년들이 억울하게 죄인이 되거나 죽음을 당하는 일이 가끔 일어났던 때였다.

할아버지는 아들과 손자들이 더는 비굴하게 숨어 살게 할 수는 없다고 생각했다.

"나랏일이 날이 갈수록 어려워지는구나. 살림살이를 정리해서 고향 마을을 떠나 다른 마을로 이사를 가는 편이 낫겠다. 그곳에서 공부를 하면서 나라를 위해 일할 수 있는 기회를 찾아보도록 하자.”

그래서 할아버지는 가족과 하인들까지 무려 80여 명이나 되는 많은 식솔을 데리고 인적이 드문 동네로 이사를 한 것이다. 할아버지는 서당을 차리고 훌륭한 스승을 모셔다가 아이들에게 글을 가르치기 시작하였다. 훈장을 초빙하여 공부를 가르친 탓에 학생들이 꽤 많았다.

총명함이 비상하여 신동이라고 소문이 자자했던 안중근은, 그때부터 서당에서 공부를 시작했다. 그때 안중근의 나이는 일곱 살 어린이였다.

일곱 살의 어린 나이에 사서삼경을 읽었으며, 문예에도 능했다. 그러나 안중근은 공부에는 별로 마음이 없고 총 쏘기와 칼 쓰기를 더 즐겼다.

“웅칠아, 너는 공부에도 재능이 있어 보이는데, 왜 매일 사냥꾼을 따라다니면서 총 쏘기와 칼 쓰기만 익히느냐?”

할아버지는 여러 손자 중에 가장 아끼고 귀여워했던 안중근이 공부보다는 다른 곳에만 관심을 보이는 것 같아 안타까웠다.

“할아버지, 공부만 하면 건장한 젊은이가 될 수 없잖아요. 똑똑한 사람보다는 건장한 젊은이가 되고 싶어요.”

그의 친구들도 그를 걱정하기는 마찬가지였다.

“너처럼 똑똑한 애가 왜 매일 아랫사람들이나 하는 총 쏘기, 칼 쓰기만 배우려고 하니?”

“아랫사람은 어디 있고, 윗사람은 어디 있니? 그리고 나는 공부만 해서 유명해지기는 싫다!”

안중근은 이처럼, 어려서부터 자기가 하고 싶은 일은 꼭 해내고야 마는 기질, 자기의 주장이 강한 사람이었다. 이 때문에 그의 친구들이나 하인들까지도 그 앞에서는 모두 머리를 숙였다.

열두 살이 되던 해, 어느 날이었다.

“아버지, 왜 이런 게 우리 집 뒷마당에 들어와 있죠?”

안중근의 큰 목소리가 그날따라 더 또랑또랑하였다.

“왜 그러니?, 응칠아!”

“아버지, 우리 집 뒤꼍에서 일본 엽전을 주웠어요.”

“일본 엽전을?”

“왜놈의 엽전이 왜 우리 집 뒤꼍에 있죠?”

갑자기 엽전 하나를 놓고 집 안이 한바탕 소란스러워졌다. 그때 청지기가 급히 집 안으로 뛰어들며 말했다.

“나리, 그 엽전은 제가 서울에서 주워 온 것입니다.”

“아저씨가 서울에서? 왜?”

안중근은 그에게 엽전을 펴 보이며 그 이유를 물었다.

"그래요! 주워 온 것 외에는 아무 뜻이 없습니다."

"그럼 됐어요. 앞으로는 우리나라를 침략한 원수의 것은 어떤 것이 되었던 가져서는 안 돼요."

"어린 것까지 일본에 대한 감정을 억제하지 못하는구나!"

할아버지와 아버지는 이러한 안중근이 기특하기도 하고, 안타깝기도 했다. 어린아이에게 나라를 빼앗긴 설움을 겪게 하는 것이 가슴 아팠기 때문이다. 안중근은 어려서부터 남다른 애국심을 갖고 자랐다.

03 천주교 세례를 받고

안중근은 열여섯 살이 되었다. 그때 프랑스에서 들어온 홍 신부를 알게 되었다.

홍 신부는 천주교 교리를 전해주는 사람이었다. 본래 이름은 빌렘인데 한국식 이름을 따른다며 '홍석구'로 개명하였다.

파리 외방전교회 출신으로 대한제국 교구 선교사로 파견된 인물이다. 한국말을 유창하게 하는 프랑스 신부이다.

안중근의 집안은 천주교 성당 건축에 참여할 정도로 독실한 신앙심을 갖고 있었다. 안중근 자신도 1895년 천주교에 입교한 뒤 '토마스'라는 세례명을 받았다. 토마스 세례명을 '도마' 또는 '다묵이'라고도 불렀다.

천주교를 통해서 홍 신부에게 프랑스어를 배우면서 신학문에

대해 눈을 뜨고 또 관심을 기울였다. 신부 덕분에 여러 사람들을
만날 수 있었다.

안중근은 홍 신부에게서 프랑스 말을 배우며 많은 이야기를 들
었다.

"신부님, 제안 드릴 것이 있습니다."

"주저하지 말고 얘기해. 내가 도와줄 수 있는 일은 무엇이든 도
울 테니까. 어서 말을 해 보아라."

홍 신부는 안중근의 말에 언제나 귀를 기울였다. 생각이 매우
깊고 긍정적이라고 여겼기 때문이다.

"우리나라에서는 천주님의 교리를 전하는데 많은 어려움이 따
릅니다."

"무슨 좋은 생각이라도 있는 모양이구나."

"미국이나 프랑스에서 공부를 많이 한 학자들을 모셔 와서, 대
학교를 설립하고, 젊은이들에게 공부를 시킨다면 더 큰 효과가 있
을 것이라고 생각합니다."

안중근의 뜻밖의 제안에 깜짝 놀란 홍 신부는 잠시 머뭇거렸다.

"그래, 듣고 보니 네 말에 일리가 있구나."

하면서 고개를 끄덕였다.

"그럼 신부님께서도 저의 생각에 동의하시는 거죠?"

"우선, 우리의 계획을 도와줄 민 주교님을 만나 보자."

안중근은 유학의 기회를 얻지 못한, 많은 젊은이에게 좋은 소식이 될 것이라는 생각으로 벌써 가슴이 벅차올랐다.

그렇게 된다면 나라를 위해 일할 좋은 친구들을 더 쉽게 만날 수 있을 것이라고 믿었기 때문이다. 며칠 후, 안중근은 홍 신부와 함께 민 주교를 만나기 위해 서울로 갔다. 어렵게 민 주교를 만난 안중근은 자신의 생각을 말씀드렸다.

민 주교라면 나의 뜻을 이해하고 도와줄 좋은 생각이 있을 것이라고 믿었다. 그런데 대답은 예상 밖이었다. 안중근과 홍 신부의 생각이 빗나갔다.

"한국 사람이 공부를 하게 되면, 틀림없이 천주교 믿는 일을 게을리할 것이야. 그래서 한국에 대학을 세운다는 것은 반대한다."

민 주교는 앞으로는 그런 말을 하지 말라며, 딱 잘라 안 된다고 말하였다. 그렇지만 안중근은 쉽게 포기할 수가 없었다.

"민 주교님은 새로운 학문을 익히면 천주교에 대한 믿음이 약해진다고 하시는데, 어째서 그런 생각을 하십니까? 공부를 더 많이 하면 할수록 천주교의 교리에 대한 이해가 더 깊어지지 않을까요? 아둔한 맹신자보다는 진실한 믿음을 갖는 신자가 더 많아야 한다고 생각합니다. 저의 친구들, 동포들에게도 그런 기회를 주고 싶습니다.”

안중근은 뜨거운 신앙심으로 민 주교에게 호소했다. 그러나 민 주교는 그의 생각을 바꾸려고 하지 않았다.

“안 됩니다. 그건 절대로 안 되는 일입니다. 그만 돌아가세요.”

안중근의 호소가 강해질수록 민 주교의 반대도 거세졌다. 안중근과 홍 신부는 끝내 민 주교의 허락을 받아내지 못한 채 발걸음을 돌렸다. 돌아서는 안중근의 마음은 한없이 무거웠다. 천주교의 교리를 가르치는 사람들이라고 해서 무조건 믿어서는 안 되겠다고 생각했다.

“홍 신부님, 민 주교님은 우리나라 사람들에게 우민정책을 쓰려고 하는 것 같습니다. 한국 사람들이 공부를 많이 하면 마음대로 다스릴 수 없다고 생각하는가 봐요.”

“아니다. 그렇지는 않을 거야. 우리 다음에 한번 더 찾아가자.”

안중근은 끓어오르는 울분을 참을 수 없었다. 친구를 만나 그날의 일을 이야기하였다.

“난, 이제 더 이상 외국어는 배우지 않겠어. 일본어를 배우는 사람은 일본의 종놈이 되고, 영어를 배우는 사람은 미국이나 영국인들의 종놈이 되고, 프랑스어를 배우면 프랑스 종놈이 되고 말거든.”

“그 말은 옳다, 중근아. 그렇지만 우리가 그들의 문화를 알지 못하면 우리는 그들을 진실로 이길 수는 없을 것 아니니?”

친구는 상처받은 중근을 위로하고 싶었다. 그러나 중근의 굳어진 마음을 바꿀 수는 없었다.

“그렇지 않아. 만일 우리나라가 세계에서 가장 강한 나라가 되면, 모든 나라 사람들이 우리나라 말을 배우려고 할 거야. 앞으로는 남의 나라 말을 배우기에 앞서 우리나라가 강해지는 데 더 힘을 쓸 거야.”

며칠 후 홍 신부가 안중근을 찾아왔다.

“중근아, 요즘은 네가 프랑스어 공부하는 걸 볼 수가 없구나.”

“프랑스어를 배우지 않기로 결심했어요.”

“어째서 그런 결심을 했지?”

“아직은 우리나라가 너무 약한 것 같아요. 우리가 프랑스와 동등한 나라가 될 때까지, 저는 온 힘을 다해 우리나라의 발전을 위해 노력할 거예요.”

홍 신부는 프랑스 사람이지만, 나라를 생각하는 안중근의 마음이 흐뭇하기만 했다.

빌렘 신부는 '홍석구'로 개명

안중근 일가에게 세례를 준 빌렘 신부는 '홍석구'로 이름을 개명하였다. 파리 외방전교회 출신으로 대한제국 교구 선교사로 파견된 인물이다.

1889년 2월에 서울에 도착하자 곧 황해도 지방의 전교를 맡아, 청계동 성당을 건립하고 진남포에도 성당 기지를 마련하는 등 교세 확장에 노력하였다.

그의 이러한 노력으로 황해도 지방은 신자가 크게 늘었다. 그 결과 일반 주민들과의 마찰이 생겼는데, 드디어는 관청과도 마찰을 일으켰다.

그는 항상 우리 민족의 편에서 대한제국의 독립정신을 고취시켰다. 그가 세례를 준 안중근이 이토를 저격하고 체포되자, 감옥으로 찾아가 격려하고 사형선고를 받은 후에는 고해성사를 베풀어 줌으로써 신자로서의 마지막 길을 걷게 하는 등 여러 가지로 항일 민족 운동을 지원하였다.

04 전리품 사건

1904년 아버지 안태훈과 청나라 의사 사이에 일대 소동이 벌어졌다. 이 싸움은 걷잡을 수 없게 커지면서 외교 문제로 비화되었다.

아버지가 1904년 4월 20일 안악읍에 사는 청나라 의사 서원훈과 다투는 일이 생겼다. 아버지는 병을 치료하기 위해 친구인 이용일과 함께 서원훈을 찾아갔다.

이들은 말이 통하지 않아 글로써 의견을 전달하였는데, 그렇게 필담을 나누는 사이에 안태훈 쪽에서 어떤 실수를 했는지 서원훈이 갑자기 일어나 안태훈의 가슴을 발로 걷어찼다. 이에 안태훈은 서원훈에게 화해를 청하고 물러나왔다. 그러나 이 소식을 이용일로부터 들은 친구들 10여 명이 깊은 밤중에 서원훈을 잡아다가 움직이기 어려울 정도로 두들겨 팼다. 그러자 사흘 뒤 이에 대한 반

| 안태훈

발로 중국인 7~8명이 이용일의 집으로 달려들어 그를 마구 구타하고 잡아가려고 하였다.

두 나라 사람들 사이에 분쟁이 발생하자 청나라 영사가 우리 정부에 공식으로 문제를 제기하였다. 안중근의 지시로 이용일 등이 사건을 일으켰다는 것이었다. 이에 따라 삼화항 재판소 감리가 경찰을 보내 안중근과 이용일을 체포하여 압송토록 명령하였다.

그런데 중도에 나타난 괴한들이 경찰들을 난타하고 안중근과 이용일을 구하여 사라졌다. 이때 경찰 한 명은 얼굴을 크게 다쳐 중태에 빠졌다. 체포령이 내려진 상황에서 7월 10일 전후에 안중 근과 이창순은 각기 외무부에 청원서를 올려 자신들의 부친이 억울하게 중국인에게 먼저 매를 맞았다고 호소하였다. 그러나 대한 제국 외무부는 다시 자체 조사를 거친 끝에 안중근과 이용일의 죄 상이 중하다는 점을 인정하기에 이르렀다.

이에 지방정부는 안중근 등의 체포를 명하였고, 7월 22일 황해 도관찰사 이용필은 안중근과 이용일이 기미를 알고 미리 도주하 여 체포하지 못했다는 보고서를 외무부 대신에게 올렸다.

그럴 즈음 도둑 떼들이 여러 곳에서 백성들의 쌀과 돈을 훔쳐 가는 일들이 자주 일어나자 지방관리들은 이것이 모두 천주교인 들의 짓이라는 소문을 퍼뜨렸다. 그때부터 천주교에 대한 본격적 인 박해가 시작되었다.

황해도에서는 관리들이 천주교인들의 행패로 다스릴 수 없다 하여, 정부는 이용익이라는 관리를 보내어 다스리게 했다. 또한, 각 동네마다 경찰관과 군인들에게 천주교를 믿는 사람이면 무조 건 잡아들이라는 명령이 내려졌다.

이 때문에 마을은 아수라장이 되었고, 안중근의 아버지도 몸을 피해야만 했다. 장기간에 걸친 천주교 박해로 목숨을 잃거나 가족과 헤어지는 사람이 많았다.

안중근의 아버지는 몸을 피해 있는 동안 중병에 걸렸다. 천주교 박해 사건은 프랑스 선교사의 항의로 차츰 조용해졌다. 그래서 안중근의 아버지도 고향 집으로 돌아왔다.

그러나 건강을 많이 상한 아버지는 친구인 이창순의 집과 고향 집을 오가며 요양을 하고 있었다. 그러던 중 청나라 의사에게 이유도 없이 온몸을 두들겨 맞는 사건이 발생한 것이다.

안중근은 이 사실을 알고 아버지 친구인 이창순과 함께 청나라 의사를 만나러 갔다. 청나라 의사를 만난 안중근은 아버지의 일을 물었다. 그러나 청나라 의사는 그날 사건의 연유를 말하기는커녕, 오히려 칼을 빼들고 안중근의 머리를 향해 내리치려고 하였다.

안중근은 대담하게 맞섰다.

"당신이 어떠한 이유로 나의 아버지에 대해 원한의 감정을 갖게 되었는지, 나는 그 이유를 알고 싶어 왔소. 그런데 오히려 나를 칼로 위협하다니 말이 되는가?"

그때 청나라 사람들이 모여들었다. 안중근이 청나라 의사와 다투는 것을 본 그들은 경찰을 불러야 한다며 안중근과 이창순에게 돌을 던지기 시작했다.

청나라 의사에게 사과를 받기가 어려워진 안중근과 이창순은 그대로 발걸음을 돌려 집으로 돌아왔다. 그 일이 있은 지 1주일 후, 이창순의 집에는 또다시 8명의 괴한이 나타나는 사건이 발생했다.

괴한들은 이창순의 집에 머물고 있던 아버지를 잡아갔다. 이창순은 사냥용 엽총을 들고 그 괴한들을 쫓아갔다. 겁을 먹은 괴한들은 안중근의 아버지를 버리고 도망을 갔다.

다음 날 이창순이 그 사실을 알고 보니, 청나라 의사가 청나라 영사에게 호소해서 안중근을 잡아오라고 명령했다.

그런데 청나라 의사의 집에서 돌아오던 이창순과 안중근의 뒤를 밟은 청나라 사람들이 이창순과 함께 들어가는 안중근을 보고, 그 집을 안중근의 집으로 착각했던 것이다.

마침 그때 아버지는 건강을 회복하기 위해 이창순의 집에 머물러 있었고, 안태훈을 안중근으로 오인한 군인들은 안태훈을 잡아가려는 것이다.

그 무렵 아버지가 이끈 의병이 동학의 이름을 팔고 다녔던 무리와 싸워 승리했다는 소문이 마을에서 마을로 퍼져 나갔다. 나라

안의 이곳저곳에서 동학군과 싸워 이겼다는 소식이 전해지면서 나라는 다시 태평을 되찾았다.

아버지는 그때 몸이 쇠약해지기 시작했다. 알 수 없는 병에 걸린 안태훈은 죽을 고비를 몇 번이나 넘겼다. 그러던 어느 날, 안중근의 집에 낯선 손님들이 찾아왔다.

"작년 난리 때 전리품으로 가져온 식량은 주인이 따로 있으니 모두 내놓으시오."

난적들과 싸워 이긴 의병들은, 그때 난적들이 버리고 간 쌀과 총 등의 물건들을 모두 가지고 마을로 내려왔던 것이다. 그런데 그 식량들을 돌려달라는 것이었다.

"무슨 소리요? 싸움터에서 가져온 것인데……."

"대신 어윤중이 사들인 것과 민영준의 농장에서 추수한 것들입니다. 그러니 그때의 식량을 지금 가지고 계신다면 속히 돌려주시기를 바랍니다."

이 말을 들은 아버지는 크게 노하여 그들에게 옳고 그름을 따져 물었다.

"그것이 누구의 쌀이었든 난 상관하지 않겠소. 내가 직접 난적을 소탕하고 그들의 진중에 있던 것을 가져온 것이니 그리 알고 돌아가시오."

아버지의 단호한 말 때문이었는지 그들은 잠시 머뭇거리더니 그대로 돌아갔다. 그러나 그것은 불행의 바람으로 불어왔다. 그 불행의 바람은 며칠 뒤 서울에서 보낸 편지에 그 전말이 드러나기 시작했다.

"'지금 대신 어윤중과 민영준 두 사람이 잃어버린 곡식을 찾기 위해 황제 폐하께 아뢰기를, 막중한 나랏돈과 외국에서 들여온 쌀 1,000여 부대를 안태훈이 까닭 없이 도둑질해 갔습니다. 소문의 진상을 알아내기 위해 사람을 시켜 안태훈의 집에 가 보니, 병정 수천 명을 길러 음모를 꾸미고 있었습니다. 만일 군대를 보내 누르지 않으면 국가에 큰 난리가 날 것입니다.' 라고 하여 곧 군대를 보내려 하고 있으니, 안태훈은 어서 서울로 와서 방침을 세우시오."

편지는 판결사로 있던 김종한이 보낸 것이었다. 아버지는 편지를 받고 즉시 서울로 올라가서 편지의 내용이 사실임을 확인하고, 김종한에게 도움을 청하였다.

"나를 도와주기 위해 그런 편지를 보냈다면 끝까지 저를 좀 지켜주시오."

재판은 시작되었고, 안태훈과 김종한은 무죄를 주장했으나, 재판관은 쉽게 믿어주지 않았다.

"안태훈은 도적의 무리가 아니오. 의병을 일으켜 도적들을 물리친 애국자요. 마땅히 공훈을 내려야 할 것인즉 모함으로 옭아매려는 일은 가당치 않소."

계속되는 재판으로 아버지는 지쳐만 갔다. 그러던 중 어윤중은 숨을 거두고 말았다. 그러나 남아 있는 민영준은 그 당시 내로라하는 세력가로, 안태훈에게 죄를 씌우기 위해 그의 모든 세력을 동원했다.

사태는 점점 어려워졌다. 아버지는 잠시 시간을 벌기 위해 프랑스 신부가 있는 천주교회로 몸을 피했다. 다행히도 프랑스 신부의 따뜻한 보살핌을 받은 아버지는 몸을 피해 있는 동안 강론도 여러 차례 들을 수 있었고, 성경책도 많이 읽을 수 있었다.

아버지가 천주교에 빠져 있는 동안 재판은 끝이 났고, 결국 죄가 없다는 무죄 판결을 받았다. 그런 일이 있은 후, 아버지는 천주교에 입교하기로 한 것이다. 또한, 널리 복음을 전파하기 위해 많은 성경책을 가지고 고향으로 돌아왔다. 고향으로 돌아온 아버지는 아들 안중근을 먼저 입교시켰다.

안중근은 천주교에 입교한 뒤 얼마 후, 홍 신부로부터 영세를 받았다. 영세 세례명은 토마스였다. 이로 말미암아 안중근의 가족은 모두가 천주교인이 되었다. 그뿐만 아니라 안태훈의 노력으로 마을에는 새로운 천주교인들이 많이 늘어났다. 천주교의 교리를 배우고 믿음을 키워나가는 모임은 점점 커져만 갔다.

"형제들이여, 지금 내게는 맛있는 음식과 신기한 재주가 있습니다. 그 음식은 한 번 먹기만 하면 영원히 죽지 않는 정신의 음식이요, 또 신기한 재주를 한 번 부리기만 하면 하늘로 올라갈 수 있는 것이기에 그 두 가지를 나누어 드리려고 합니다."

안중근은 홍 신부와 함께 여러 마을을 다니며 군중 앞에서 전도 연설을 하였다.

"하늘과 땅 사이 모든 만물 가운데 오직 사람이 가장 귀한 존재입니다. 그것은 매우 신령하기 때문입니다. 혼에는 세 가지가 있으니 첫째는 자라는 혼이라 나무와 풀의 혼이요, 둘째는 생각하는 혼이니 곧 동물의 혼으로서 느끼는 혼이요, 셋째는 영혼이니 사람의 혼으로서 자라고 느끼고, 옳고 그름을 판단하면서 만물을 맡아 다스릴 수 있는 것이요. 그렇기 때문에 사람이 귀하다는 것입니다. 따라서 사람에게 영혼이 없다고 하면, 육체는 짐승과 다를 바가 없습니다."

05 진실한 믿음

1894년 전국에서 동학군의 공세가 드높았다. 황해도 일대에서는 동학군의 이름을 빙자한 도둑 떼들이 극성을 부렸다. 안중근의 아버지는 이들을 토벌하고 많은 양곡을 빼앗으며 큰 공을 세웠다.

그 뒤 아버지는 성당에 머무르면서 성경책을 탐독하고 신부들의 강론을 들으면서 천주교 신자가 되었다. 안태훈은 교리사 이종래를 대동하고 《천주교 교리문답》과 《12단》등 120여 권의 교리서를 청계동을 비롯한 7개 마을에서 배포하면서 포교 활동을 폈다. 그 결과 신앙 운동이 크게 일어났다.

이에 아버지는 매화동 본당 빌렘 신부에게 공소 설치를 청원하고 빌렘 신부로부터 가족과 주민 등 30여 명이 함께 세례를 받았다. 아버지는 베드로, 어머니는 마리아, 안중근은 토마스, 부인은 아네스라는 세례명을 받았다. 이때 안중근의 나이는 19세였다. 천주교 신자로서 가장 신앙심이 두텁고 모든 일의 중심을 천주교에 두고 열심히 교리를 배우고 성당의 복자로서 신부를 도와주면서 전도 활동에도 적극적이었다.

안중근의 자필《안응칠 역사》에서 가장 많은 부분을 차지하고 있는 것이 천주교에 대한 내용이었다. "하느님은 전지전능하시며 세상을 심판하고, 영혼이 상벌을 받는바, 상은 천당의 영원한 복이고 벌은 지옥의 영원한 고통"이라 하면서 다음과 같이 설명하였다.

"사람의 목숨은 오래 살아야 백 년을 넘기지 못하는 것이 운명입니다. 지혜로운 사람이나 어리석은 사람이나 귀하고 천한 사람을 가릴 것 없이 사람이란 누구나 알몸으로 이 세상에 태어났다가 빈 몸으로 저 세상으로 돌아가는 것입니다. '빈손으로 왔다가 빈손으로 돌아간다'는 바로 그런 말입니다.

만일 사람들이 하느님의 천당과 지옥을 보지 못했다 하여 천당과 지옥이 있다는 것을 믿지 않는다 하면, 이는 마치 그 사랑하는 아들유복자이 그 아버지를 보지 못했다 하여 아버지가 존재한다는 것을 믿으려 하지 않고, 장님이 하늘을 보지 못한다고 해서 하늘에 해가 존재한다는 것을 믿으려 하지 않는 것과 무엇이 다르겠습니까?

지금 세계 문명국의 박학다식한 지성인으로서 예수 그리스도를 꼽는 사람이 많습니다. 그렇지만 지금 세상에는 옳지 않게 전하는 무리 또한 대단히 많은데, 이는 예수께서 미리 제자들에게 예언하신 것으로 '후세에 반드시 위선자들이 있어 내 이름으로 민중을 현혹시킬 것이니 너희들은 삼가 그러한 잘못에 빠져들지 마라. 하늘나라로 들어가는 문은 그리스도교뿐이다.'라고 하였습니다."

안중근 의사는 32세의 짧은 일생을 마쳤지만, 나라의 독립과 동양 평화를 위하여 살신성인하며 참다운 천주교 신자의 길을 걸었다.

빌렘 신부에 대해 《안중근 평전》에 이렇게 썼다.

"홍석구 선생은 가톨릭 신부이지만 성질이 어지간히 불같았다. 몇 가지 사례를 보자면, 홍 신부가 항상 교인들을 압제하곤 했기 때문에 나는 여러 교인들과 이 문제를 상의하였다.

거룩한 교회 안에 어찌 이와 같은 도리가 있겠는가? 우리는 마

로를 즉각 석방하시오!"

신부의 항의는 당당하고도 매서웠다. 신천 군수는 결국 빌렘
신부의 요구를 들어주고 말았다.

| 안중근 의사가 1906년 1월 6일 서울에서 빌렘 신부에게 보낸 엽서

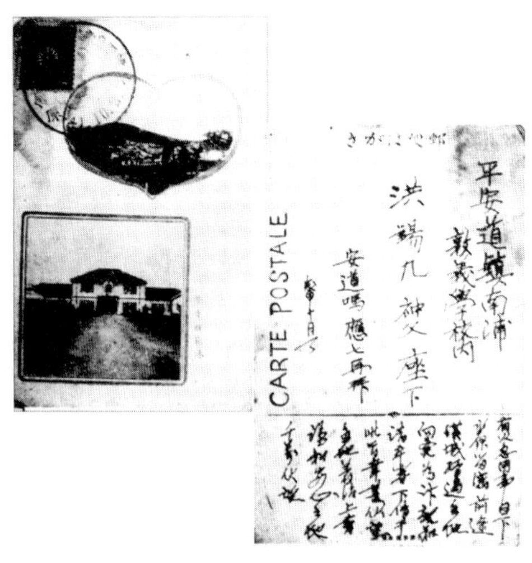

| 안중근 의사가 1906년 10월 1일 수원에서 빌렘 신부에게 보낸 엽서

세례명洗禮名

가톨릭교회에서 세례를 줄 때 세례를 받는 사람에게 붙여주는 이름으로 크리스천 네임이라고 한다.

세례라는 말은 그리스어의 '밥티스마' 곧 '잠김'이라는 뜻인데, 물을 사용하여 몸을 정결하게 씻는 것처럼, 생명의 재생 또는 새로운 탄생을 의미한다. 교인이 되어 믿음을 갖고 신앙생활을 시작한다는 의례이다.

보통 수호성인이나 성녀의 이름을 붙여준다. 신앙을 널리 보급하는 의미와 동시에 성인의 행적을 본받아 살도록 이끌어 주기 위한 의식에서 비롯되었다.

가톨릭교회 안에서는 그 사람의 성씨 밑에 반드시 세례명을 붙여서 부르는 것이 관례로 되어 있다. 가톨릭교회에서 성세聖洗라고 하는 말은 '거룩한 세례'의 준말이다.

05

강력한 리더십

01 최후의 법정 진술

안중근은 러시아 검찰관의 예비심문과 일본 법원의 재판 과정에서 대한의병 참모중장이라고 자신을 떳떳하게 밝혔다.

그리고 이토 히로부미가 대한제국의 독립 주권을 침탈한 원흉이며 동양 평화를 흐려 놓고 교란시킨 자이므로 대한 의병 참모중장의 자격으로 총살한 것이며 안중근 개인의 자격으로 사살한 것이 아니라고 거사 동기를 분명하게 주장하였다.

안중근은 러시아 관헌의 조사를 받은 뒤 일본 경찰로 인계되어 뤼순 감옥에 수감되었다. 그 뒤로부터 관둥저우 지방법원에서 쉴 새도 없이 여러 차례의 심문과 재판을 받았다. 안중근은 그때마다 재판이 부당하다고 주장하였다.

"나는 대한 의병의 참모중장으로 독립 전쟁을 했고, 참모중장으로서 이토를 죽였다. 그런 고로 일본 법정에서 취조와 재판을 받을 조건도 의무도 없다.”

안중근은 이처럼 재판을 부정하고, 국제법에 따라 자신을 전쟁 포로로 취급하여 줄 것을 강력하게 요구했다. 또한, 일본 검찰에게 이토 히로부미의 죄상을 낱낱이 거론하며 살인이 아니라 거사라고 당당하게 외쳤다.

재판장은 변호인으로부터 이미 상세한 변론이 있었지만, 피고가 마지막으로 할 말이 있으면 진술하라고 했다.

안중근 의사는 당당하게 말했다.

“나는 검찰관의 논고를 듣고 나서 검찰관이 나를 오해하고 있다고 생각한다. 예컨대 하얼빈에서 검찰관이 올해로 다섯 살 난 나의 아이에게 내 사진을 보여주며 ‘이 사람이 너의 아버지냐?’라고 물었더니 그렇다고 대답했다고 말했다. 내 아들은 내가 고국을 떠날 때 두 살이었는데 그 후 만난 적도 없고, 또 나의 얼굴도 알고 있을 까닭이 없다. 그런데도 검찰관은 이 법정에서 거짓말을 한다. 이로 미루어 봐도 검찰관의 심문이 얼마나 엉터리인지 또 얼마나 뻔뻔스러운 거짓말이며 사실과 다른 것인지를 분명하게 알 수 있다고 생각한다. 나의 하얼빈 거사는 개인적으로 한 것이 아니고 한국과 일본 두 나라 관계와 관련해서 결행한 매우 정당한 거사이다. 그런데 사건 심리에 있어서 재판장을 비롯하여 변호인과 통역까지 모두가 일본인들뿐이다. 나는 대한제국에서 변호인이 와 있으니 그 변호인에게 변호를 받는 것이 옳다고 여긴다."

"재판장님! 이건……."

검사가 안중근의 발언을 저지하려고 하였다.

"그냥 계속하라."

재판장은 안중근에게 계속 진술하라고 말했다.

"부당한 처사는 또 있다. 변론도 그 요지만을 통역해서 들려주는데 이는 매우 불공평하다. 다른 사람이 봐도 이 재판은 확실히 편파적이라는 비난을 면할 수 없을 것이라 생각한다. 검찰관이나 변호인의 변론을 들어 보면, 이토가 통감으로서 행한 시정 방침은 완전무결하고 절대 불가침 한 것인데 내가 오해하고 있다는 말뿐이다. 어찌 이토록 부당할 수 있는가. 나는 이토의 행위가 극히 부당하다는 것을 너무나 잘 알고 있다. 이토가 통감으로서 행한 시정 방침의 잘못을 거듭 지적하겠다.

첫째, 을사늑약 조항이다. 5개조 보호조약이라는 것이 있는데, 어느 하나도 우리 황제나 국민들이 희망한 것은 절대 아니다. 이토가 친일파 일진회를 운동원으로 만들고, 황제의 옥새와 총리대신의 부서가 없는데도 합법이라며 속여 강압적으로 체결한 조약이므로 무효다.

둘째, 러일전쟁에 대한 일본 천황의 선전 조칙에는 동양의 평화를 유지하고 한국의 독립을 공고히 한다는 말이 있는데, 이 또한 사실과 다른 속임수이다. 이토의 정책은 이와 반대되는 것이라 각처에서 의병이 일어났다.

그 첫 희생자는 송병준에 의해 잡혀서 쓰시마에서 구금되었던 최익현이다. 그는 일본 음식을 거부하며 항의하다가 굶어 죽었다. 그래서 제2의 의병이 일어났다.

셋째, 고종황제의 밀사들이 헤이그 평화회의에 가서 호소하기를, 5개조의 조약은 이토가 병력을 동원한 가운데 체결한 것이니 만국공법에 따라 처분해 달라고 요청했으나, 일본이 반대하여 그 일은 성사되지 않았다.

그런데 이토는 한밤중에 칼을 뽑아들고 어전에 들어가 황제를 협박해서 7개조의 조약을 또 체결하고 황제를 폐위시켰다. 대한제국의 황제를 어찌 일본의 무사가 폐위시키는가?

그뿐만이 아니다. 이토는 의병과 애국지사들을 무차별 위협하며 잔인무도하게 죽였다. 이토의 잘못된 시정 방침이 개선되지 않는 한 대한제국의 보호는 없고 한일 간의 전쟁은 더욱 거세질 것이다.

　이토 그는 영웅이 아니라 원흉이고 살인자다. 간사한 꾀로 대한제국을 옭아매고 있다. 그래서 우리 동포들은 모두 그의 죄악을 미워하고 그를 죽이고 싶어 했다. 그 일을 내가 대신한 것이다. 사람은 누구나 삶을 즐기고자 하며 죽음을 좋아하지 않는다.

　학살하는 사람은 참으로 불쌍한 자이다. 내가 이토를 죽인 이유는, 이토가 있으면 동양의 평화를 어지럽게 하고 한·일 두 나라 사이가 더욱 멀어지기 때문에 대한제국의 의병 참모중장 자격으로 죄인 이토를 처단한 것이다.

　나는 결코 그를 오해하고 죽인 것은 아니다. 변호인의 말에 의하면, 광무 3년에 체결된 조약에 의해 대한제국 국민은 한국의 《형법대전》에 의해 다스려져야 할 것이며, 한국 형법에 의하면 처벌할 규정이 없다고 했는데, 이는 부당하며 어리석은 논리라는 것이다.

　오늘날 인간은 모두 법에 따라 생활하고 있다. 따라서 무고한 사람들을 학살한 자가 벌을 받지 않고 살아남을 도리는 없다. 나는 대한제국의 의병이며 지금은 적군의 포로가 돼 있으니, 당연히 만국공법에 따라 처리돼야 마땅하다."

　"그만하라!"

재판장은 여기서 심리를 모두 마친다고 알리고, 판결은 오는 14일 오전 10시에 선고하니 출정하라는 뜻을 명하고 재판을 끝냈다.

이틀 뒤, 다시 재판이 열렸다.

피고인은 모두 신체의 구속을 받지 않고 출정하였고, 변호인으로 미즈노 기치다로와 세이지가 출두했다.

재판장은 계속해서 재판할 뜻을 알리고 재판장은 이 판결에 대해 5일 내에 항소할 수 있음과 판결의 정본, 등본, 초본을 청구할 수 있다는 뜻을 알리고 재판을 끝내고 폐정했다.

02 마지막 가는 길

1910년 3월 26일, 밖에는 봄비가 내리고 있었다. 안중근 의사의 사형이 뤼순 감옥에서 집행되는 날이다.

고향 집에서 보낸 옷을 입고 예정된 시간보다 일찍 간수 4명의 경호를 받으며 형장으로 불려 나와 교수대 옆에 있는 대기실로 갔다. 그날 입은 바지와 저고리는 어머니가 정성껏 만들어 보낸 명주 옷이었다. 저고리는 흰색이고 바지는 검은색이어서 흑백의 분명한 대조가 아무래도 몇 분 지나면 밝은 데서 어두운 곳으로 갈 수밖에 없는 영웅의 운명과 같아 보였다. 그래서 안중근 의사의 마지막 모습을 보는 이로 하여금 일종의 분노와 감개를 느끼게 했다.

마지막 재판이 시작되었다. 드디어 미조부치 검찰관, 구리하라 전옥 형무소장, 소노키 통역, 기시다 서기가 교수대 앞에 있는 검시실 지정된 자리에 앉았다. 그리고 안중근 의사가 대기실에서 끌려 나왔다.

구리하라 형무소장이 안중근 의사에게 말했다.

"금년 2월 24일 광둥저우 지방법원의 선고와 확정 명령에 따라 사형을 집행하겠다."

소노키의 통역이 끝나자 안중근 의사는 아무 말 없이 고개를 끄덕였다.

구리하라 형무소장은 다시 물었다.

"뭔가 남길 말이 없는가?"

안중근 의사는 분명하게 말했다.

"따로 남길 유언은 없다. 다만, 내가 거사한 이토 히로부미 사살은 동양 평화를 위해 한 것이므로 한국과 일본이 서로 일치 협력해서 동양 평화의 유지를 도모할 것을 바란다."

그러자 간수가 반 장짜리 종이 두 장을 접어 안중근 의사의 눈을 가리고 그 위에 흰 천을 씌웠다. 안중근 의사의 최후가 다가온 것이다.

재판 애초부터 선고 이후까지 안중근 의사를 정중하고 친절하게 대했던 관헌은 안중근 의사의 마지막 순간을 맞을 때 마음껏 최후의 기도를 하도록 허락했다.

안중근 의사는 구리하라의 말에 따라 잠시 묵도를 했다. 기도가 끝나자 여러 명의 간수에 둘러싸여 교수대로 향했다.

교수대의 구조는 마치 이층집 같았다. 작은 계단 7개를 올라가면 화로방 같은 것이 있는데, 안중근 의사는 조용히 걸어서 한 계단 한 계단 죽음의 길로 다가갔다.

그때의 감정이나 얼굴색은 흰옷과 어우러져 더욱 창백했다. 드디어 안중근 의사가 교수대에 이르렀다.

이때가 오전 10시 15분, 이날 여기에 이르기까지 걸린 시간은 불과 11분이었다.

민족의 영웅 위대한 거인 안중근 의사가 세상을 떠난 그날 온종일 비가 내렸다. 하늘도 울었다. 안중근 의사는 이렇게 만주 뤼순 감옥에서 일제에 의해 순국하였다.

특히 재판 과정에서 일본인 관선 변호사 미즈노가 변론한 말은 논리정연하고 너무나 당당하여 당시 재판관들을 감동시켰다고 역사는 전한다.

"그 범죄의 동기는 오해에서 나왔다고 할지라도 이토 히로부미를 죽이지 않으면 한국은 독립할 수 없다는 조국에 대한 충성심은 의심할 여지가 없다."

그러나 일본 재판부는 안중근 의사를 살려줄 수는 없었다. 일본의 이토를 죽인 살인범이라는 굴레 때문이었다.

　그로부터 35년 세월이 흘러 대한민국은 일제 식민 사슬에서 벗어나 조국 광복을 맞았다. 그러나 우리 정부는 조국이 광복을 이룬 후에도 6·25전쟁 등 격동기를 거치면서 안중근 의사에 대해 이렇다 할 위훈을 기리지 못한 채 많은 세월을 보냈다.

최후의 유언

안중근 의사는 순국 전에 두 동생에게 마지막 유언을 남겼다.

"정근아! 너는 형을 대신하여 어머님 잘 모시며, 한국의 발전을 위해 공업 또는 식림植林 같은 일을 하여 나라를 발전시키는 일에 종사하기를 바란다.

내가 죽은 뒤에 바로 반장返葬하지 말고 나의 뼈를 하얼빈공원 곁에 묻어두었다가 우리나라 국권이 회복되거든 고향으로 이장移葬하여라. 나는 천국에 가서도 마땅히 우리나라의 독립을 위해 힘쓸 것이다.

너희들은 돌아가서 동포에게 각각 모두 나라의 책임을 지고, 국민의 의무를 다하며, 마음을 같이 하고 힘을 합하여 공로를 세우고 업을 이르도록 일러다오. 대한독립의 소리가 천국에 들려오면 나는 마땅히 춤추며 만세를 부를 것이다."

03 앞서 가는 시대정신

한국을 비롯하여 동남아시아 여러 지역으로 침략의 야욕을 펼치던 원흉인 일본의 이토 히로부미를 사살한 안중근 의사의 거사는 당시 동남아시아에 많은 영향을 주었다.

특히 거사의 현장인 하얼빈을 영토로 가진 중국에서는 1927년부터 장쉐량의 지시로 동북 각지의 36개 모범 소학교에서 수업 시작 전에 '안중근의 노래' 를 합창하고 공부를 시작하였다.

중일전쟁이 일어난 뒤에는 저우언라이와 궈모뤄 등이 우한, 창사 등지에서 중국 사람들이 만든 '안중근' 연극을 연출해 반일 사상과 항일 투쟁을 고무시키는 일까지 일어났다.

안중근 의사가 이토를 저격할 때 사용한 권총을 중국과 북한에서 64식 권총이라는 이름으로 생산하여 군사용으로 쓰고 있다.

한국 천주교회에서는 안중근 의사를 '한국의 모세', 한국의 '사도 바오로'이라고 부른다. 이 말은 안중근 의사를 모세의 애국심과 바오로의 신앙심을 가진 천주교인으로 높이 평가한 것이다. 독실한 천주교 신앙과 애국심을 크게 찬양하는 말이다.

일본에서도 안중근 의사를 '동아시아의 의인'이라고 평가하는 사람들이 있다.

안중근 의사는 평화를 외친 애국자인 동시에 문명개화를 통해 실력을 닦는 것이 한국 독립의 전제 조건이라고 생각한 문명개화론자이기도 하다.

이른바 일본이 한국을 보호해 주겠다고 한 을사늑약은 나라를 빼앗기 위한 속임수로, 문명개화가 아닌 국권 침탈에 그 목적이 있었다는 것이 만천하에 드러났다.

안중근 의사가 자신을 존경했던 일본인 간수 지바에게 써준 유묵 '위국헌신 군인본분爲國獻身 軍人本分', 곧 나라를 위하여 목숨을 바침은 군인이 해야 할 일이라는 가르침이다. 이 말은 현재 대한민국 국군의 표어 가운데 하나로 선정되어 있다.

안중근 의사가 이토를 저격한 뒤, 의병으로 독립투쟁을 벌이던 청산리대첩의 주역 김좌진 장군, 김경천 장군 등은 모두 안중근 의사의 구국 정신에 큰 감동을 받았다고 밝혔다.

김경천은 자신의 일기《경천아일록》에서 이렇게 기록하였다.

"이토 히로부미를 총살한 안응칠 씨!
참으로 훌륭하고 아! 위대하다.
우리에게도 사람이 있구나!"

안중근 의사는 민족정기의 표상으로서 우리나라는 물론 아시아에서도 널리 존경받는 독립운동가이다.

안중근 의사는 하얼빈 거사 이후 '의사義士'라는 이름으로 칭송되고, 뤼순 감옥에서 사형으로 순국한 뒤부터는 '위인偉人' 또는 위대한 의인義人으로 추앙을 받았다.

독립운동을 전개하던 인사들에게 밤하늘의 길을 인도하는 북두칠성이었고, 앞으로 나아가야 할 바를 안내하는 나침반으로 존경을 받았다.

이렇듯 거대한 위인 안중근 의사의 독립운동 정신을 바르게 이해하고 창조적으로 계승하는 일은 남북이 분단된 현실에서 민족정기를 확립하고, 올바른 국민교육을 통해 민족 통일을 이룩하기 위해서도 매우 중요한 일이다.

그렇다면 역사학자들은 안중근 의사의 독립운동 정신을 어떻게 보고 있을까?

여러 가지 의견들이 많으나, 대개 앞서 가는 시대정신으로 요약되면서, 다음 세 가지를 꼽고 있다.

첫째, 투철한 자주독립과 구국의 정신이다.

나라의 국권을 회복하고 독립을 통해 국민의 자유를 되찾자는 구국의 강한 의지였다. 안중근 의사는 의병부대를 이끌고 국내 진공 작전을 전개하였고, 대한국大韓國 의병 참모중장의 자격으로 하얼빈 역에서 우리나라의 원흉 이토 히로부미를 저격하는 쾌거를 이루었다.

일본은 자기들의 지도자를 살해한 살인자로 안중근 의사를 혹독하게 고문하면서 다루었지만, 우리 국민들에게는 물론 세계 사람들에게는 위대한 영웅이자 구국의 거인巨人으로 존경을 받고 있다.

둘째, 국가 독립 민족 해방의 자유정신이다.

국민은 피압박에서 벗어나 자유를 누리면서 행복하게 살아갈 권리가 있고, 정의로운 사회 속에서 각자의 소질과 재능을 발휘하면서 살아가야 한다는 국가 독립 민족 해방의 자유정신이다.

안중근 의사는 잔학한 폭정을 일삼는 일본은 반드시 멸망할 것이고 정의롭지 못한 국가 권력, 인권을 탄압하는 식민 정책은 반드시 멸망한다는 강한 신념을 국민들에게 보여주었다.

셋째, 영원한 동양 평화의 근본 사상이다.

안중근 의사는 동양 평화를 위해, 한국에 이어 만주까지 침략의 손길을 뻗치면서 일본의 침략 정책을 진두지휘하던 원흉 이토 히로부미를 권총 세 발로 절명시키는 위대한 일을 해냈다.

감옥에서 《동양 평화론》을 저술하고 있었지만, 침략 제국주의 일본은 세계의 시선에 겁을 먹고 안중근 의사 거사 후 재판을 속결 재판으로 진행했다. 그리하여 거사 후 재판 시작 1주일 만에 사형선고를 하고, 40일 만에 사형을 집행하고 말았다. 그래서 동양 평화의 기본 사상과 정신을 밝혀줄 평화의 교과서 《동양 평화론》을 완성할 수 있는 시간마저 빼앗은 것이다.

안중근 의사가 순국 직전까지 동양 평화의 근본 정신을 밝히고 동양 평화주의 사상을 깨우치려고 열정을 쏟았던 그 정신은 더욱 빛나는 것이다.

2,000만 동포에게 고함

내가 대한 독립을 회복하고 동양 평화를 유지하기 위하여 3년 동안을 국외에서 풍찬노숙風餐露宿하다가 마침내 그 목적을 도달하지 못하고 이곳에서 죽노니,

우리들 2,000만 형제자매는 각각 스스로 분발하여 학문에 힘쓰고 실업을 진흥하며, 나의 끼친 뜻을 이어 자유 독립을 회복하면 죽는 자 여한이 없겠노라.

04 영웅의 길

1970년 10월 당시 박정희 대통령의 지시와 국민의 성금 등으로 서울 중구 남대문로 5가 471번지, 남산공원 분수대 옆에 안중근 의사 기념관을 건립하였다. 이 기념관은 만주 하얼빈 역에서 이토 히로부미를 저격한 안중근 의사의 애국정신과 뜻을 추모하기 위해 설립한 것이다.

안중근 의사의 위대한 발자취와 영웅의 길을 담아 놓았고, 높이 3m의 안중근 의사 동상도 세웠다. 유품과 자료를 전시하고 그의 사상과 정신을 선양하는 일에 더욱 매진하는 동시에 후손들이 국가와 민족이 무엇인가를 깨닫고, 국가와 민족을 위해 희생한 애국지사를 민족의 긍지로 여기며, 스스로 삶의 표본과 중심을 일으켜 세우는 산 교육장으로서 역할을 맡아 왔다.

세월이 흘러 기념관이 노후하고 협소해짐에 따라 사단법인 안중근의사숭모회와 광복회에서 정부의 지원을 받아 낡은 건물을 헐고 그 자리에 새 기념관을 건립하였다.

안중근 의사 의거 101주년을 기념하여 새롭게 문을 연 기념관은 3층 규모로 대지 5772㎡, 연면적 3759㎡의 규모이다. 처음 문을 열고 전시했던 안중근 의사 관련 유물과 전시품들을 보완하고 새로운 물품도 추가하여 종합 전시관으로 면모를 보여주고 있다. 지하 2층에는 강당, 지하 1층에는 제1전시실, 추모실, 기념품 판매점이 있다. 지상 1층에는 제2전시실, 북 카페가 있고, 지상 2층에는 제3전시실, 기획전시실, 종합 영상실, 수장고가 있다.

안중근 의사의 출생과 성장 과정은 물론 단지 동맹 등 독립운동 활동, 하얼빈 의거, 옥중 투쟁과 재판, 순국, 유언 등 의사의 행적을 그대로 보여주는 유물이 전시되어 있다. 여기에 컴퓨터 터치스크린과 미라클 영상 등 IT 기술을 활용해 현장감을 살려주고 있다.

소장품으로는 '일일부독서 구중생형극', 즉 하루라도 글을 읽지 않으면 입안에 가시가 돋는다는 유묵을 포함하여 '국가안위 노심초사' 휘호, 안중근 의사 존영 사진, 재판 기록물, 각종 기념서적 등이 있다.

또한, 대한민국 건국공로훈장과 서한, 안중근 의사가 운영한 돈의학교 관련 기사, 저격 당시 사용했던 권총의 총탄, 공판 당시 신문 보도 내용 등이 전시되어 있다.

안중근 기념관과는 별도로 해군 잠수함인 '안중근함'이 바다를 지킨다. 이 함정은 울산항에서 바다로 진수되었다. 연극, 영화, 음악회, 오페라 등 여러 가지 행사가 줄을 이어 펼쳐졌는데, 그중 연극으로는 '대한국인 안중근'이 2009년 6월부터 국내 공연을 시작으로 11월까지 하얼빈, 일본 등지를 순회하면서 공연되었다. 이 연극에서 최수종이 안중근 역을 맡았다. 9월에는 중국 하얼빈 시에 세워졌다가 대한민국에 반입된 안중근 의사의 동상이 대한민국 국회에서 임시 전시되어 관심을 끌었다.

안중근 의사가 이토를 저격한 지 100년을 맞은 2009년 10월, 중국 하얼빈에서 국제 장기 기전인 제1회 세계인 장기 대회가 열렸다. 서울에서는 안중근의 이야기를 담은 창작 뮤지컬 '영웅'이 공연되어 인기를 끌었다.

2009년 월드 베이스볼 클래식에 출전한 대한민국 야구 국가대표팀 투수 봉중근 선수는 일본의 야구 국가대표팀 간판 타자인 스즈키 이치로에게 견제 모션을 취하면서 꽁꽁 묶는 등 일본과의 2경기에서 눈부신 활약을 펼쳤다. 그때 대한민국에서는 봉 선수의 이름이 안중근의 이름과 같다 하여 '봉중근 의사'라는 애칭을 붙여 주었다.

2010년에는 중국 정부가 안중근 의사 추모행사를 공식적으로 승인하였고, 서울광장에서는 안중근 의사 순국 100주년 추념식을 정부 주관으로 개최하였다.

9월에는 국방부와 조선일보가 안중근 의사 순국 100주년을 기념하여 공동으로 제정한 위국 헌신상이 11명에게 처음 수여되었고, 러시아 정부가 안중근과 관련된 외교 문서를 대한민국 정부에 처음 전달하였다. 2010년에는 정부에서 안중근 의사의 유해를 모셔올 수 있도록 최선을 다하겠다고 발표했고, 2013년에는 대한민국 대통령이 중국 정부 측에 하얼빈 저격 현장에 기념 표지를 세우자고 제의하였다.

해군 함정의 이름

미국·영국·프랑스 등 세계 여러 나라 해군에서는 잠수함의 이름을 대통령, 제독, 독립 유공자, 국가 발전 유공자, 해운 발전 유공자 등의 이름을 붙이고 있다.

우리나라 해군 함정은 독립운동가, 국가 발전 유공자 등의 이름을 본떠 주로 붙이고 있는데 '안중근함', '이순신함', '장보고함', '세종대왕함', '광개토대왕함', '왕건함', '최무선함', '손원일함' 등의 이름이 그것이다.

해군 잠수함의 '안중근함'은 안중근 의사 의거 100주년 사업의 일환으로 울산항에서 바다로 진수되었다.

05 추모의 물결

안중근 의사가 이토를 저격한 날 러시아 신문이 세계만방에 전했던 긴급 뉴스는 1세기가 지난 오늘날에도 변색 없이 그대로 생생하다.

"한국의 청년 안중근이 일본의 이토 히로부미를 저격 사살하다. 이 사건은 일본 및 그 밖의 다른 나라들이 남의 나라를 압박할 때 유의해야 할 하나의 교훈으로 생각한다. 압박은 결과적으로 압박자 자신을 망친다는 것을 일깨워 준 교훈이다."

안중근 의사가 이토를 저격하고 사형을 당한 뒤 1세기가 지났지만, 위대한 영웅을 추모하는 행사는 러시아 신문의 긴급 뉴스처럼 변함없이 국내외에서 계속되고 있다. 해를 거듭할수록 여기 저기서 다양하게 펼쳐지고 있는 것이다. 기념식, 전시회, 연극, 영화, 음악회, 오페라 공연 등 무척 다양하게 펼쳐지고 있다.

안중근 의사는 이토를 저격한 뒤 일본 재판부가 살인범이라는 누명을 씌워 사형함에 따라 천주교 교단에서조차 '안중근 토마스'의 평신도 자격을 박탈하고 말았다. 육신의 사형을 당한 이후 영혼의 사형을 또 내린 것이었다. 그러다가 1993년 8월 21일 그의 생일에 평신도 자격을 잃은 지 84년 만에 자격을 되찾았다.

안중근 의사를 추모하는 행사마다 "나는 반드시 우리 민족의 원흉인 이토 히로부미를 죽이고, 나라를 팔아먹은 데 동조한 역적들에게 대한의 기개가 살아 있다는 것을 똑똑히 보여 주겠다."라고 외쳤던 그의 대한독립 염원과 애국애족의 혼이 담겨 있고 살아 숨 쉬고 있는 것이다.

"이토가 살아 있는 한 대한의 독립도, 동양의 평화도 없다."라고 외친 안중근은 한학과 신학문을 익혀 논리가 정연하고 문장력이 대단하며 서예 글씨가 뛰어나 많은 유묵을 남겼다.

그의 붓글씨에 반하여 안중근을 심문한 일본 검사도, 뤼순 감옥에서 안중근 의사를 감시하던 간수도 안중근을 마음속으로 존경하다가 사형을 당하기 직전에 유묵을 청해 받아 가보로 전하고 있다는 이야기는 많은 사람의 심금을 울려준 감동적인 실화이다.

중국산 종이 선지 위에 붓으로 쓴 한시 구절에 약손가락 끝 마디를 잘라 대한독립의 의지를 밝힌 왼손 장인을 찍은 유묵이지만, 그 유묵을 주고받은 것은 서로의 마음이 통했다는 것이고, 인간애를 느낀 것이며, 존경심이 높았다는 것을 말해 준다.

이토를 저격한 안중근 의사는 살인범으로 사형을 당하였지만 그의 영혼은 결코 죽지 않았다. 그러나 안중근 의사의 권총 세 발을 맞고 즉사한 이토는 일본에서 국장이라는 호화스런 장례로 지하에 묻혔으나, 침략자의 오명에 영원히 갇혀 있다.

지금 일본에서도 뜻있는 학자와 저명한 인사들 가운데 상당수가 안중근의 애국심과 동양 평화 사상을 높이 받들며 새롭게 평가하고 있다.

안중근 의사 유골 발굴위원회가 발족되었고, 우리 정부도 중국 측에 안중근 의사 유해 발굴을 요청하였으며, 중국 정부도 안중근 의사 추모행사를 공식 승인하는 등 다양한 추모의 물결이 계속 일어나고 있다.

06

불멸의 리더십

01 숭고한 영혼

옥중에서 《동양 평화론》을 집필한 안중근은 《안웅칠 역사》라는 제목으로 자서전을 집필하였다. 이 자서전의 원본은 현재 전하지 않으며 일본어 번역본과 한문 등사본이 전해진다. 이 자서전을 바탕으로 삼아 1970년에 출판된 《안중근 자서전》이 있다.

안중근은 의거를 앞두고 '장부가' 노래를 지어 우덕순에게 주었다. 우덕순도 '거의가'로 답하였다. '장부가'는 안중근의 친필로 된 한시와 한글 시가 함께 전해진다.

안중근은 '장부가'에서 대한제국을 침탈하고 국가를 멸망에 이르게 한 일본인 이토 히로부미, 곧 이등박문을 '쥐'라고 지칭하며 강력한 적대감을 드러냈다.

한문으로 쓴 한시漢詩를 번역한 '장부가' 노래를 보자.

장부가 세상에 처함이여 그 뜻이 크도다.

때가 영웅을 지음이니 영웅이 때를 지으리오.

천하를 웅시함이여 어느 날에 대업을 이룰까.

동풍이 점차 미치니 장수의 의기가 뜨겁도다.

분개하여 일어나니 반드시 목적을 이루리라.

쥐 도둑 이토여, 어찌 즐겨 목숨을 비길까.

어찌 이럴 줄 헤아렸던가, 사세가 그러하도다.

동포 동포여! 속히 대업을 이룰지어다.

만세 만세여! 대한독립이로다.

만세 만세여! 대한 동포로다.

이 노래는 안중근 의사가 일본군과의 전투 중에 의병 대원들을 격려하는 글로써 죽음을 두려워하지 말고 용기를 갖고 싸우자고 격려한 것이다.

남아유지출양외 사불입모난처신
男兒有志出洋外 事不入謀難處身
망순동포서유혈 막작세간무의신
望順同胞誓流血 莫作世間無義神

〈해설〉

사나이 뜻을 품고 나라 밖에 나왔다가

큰일을 못 이루니 몸 두기 어려워라.

바라건대 동포들아 죽기를 맹세하고

세상에 의리 없는 귀신은 되지 말자.

안중근 의사의 사형 집행을 하루 앞두고 취조관 중의 한 사람인 사카이가 《동양 평화론》의 미완성을 애석하게 여겨 그 결론만이라도 써주기를 요청하였다. 이에 붓을 들고 한시를 써 주었다.

동양대세사묘현 유지남아기안면
東洋大勢思杳玄 有志男兒豈安眠
화국미성유강개 정략불개진가련
和局未成猶慷慨 政略不改眞可憐

〈해설〉

동양 대세를 생각하니 아득하고 어둡거니,

뜻있는 사나이가 어찌 편한 잠을 잘까,

평화 시국 못 이룸이 이렇게도 슬픈 것인가,

침략 정책 안 고침은 참으로 가엾도다.

안중근 의사는 1908년 두만강 전투 때 대한독립은 우리가 이루어야 하지만 우리 대에서 못 이룬다면, 아들 대 또는 손자 대에서라도 반드시 대한독립은 이루어야 한다며 강한 의지를 보여주는 글을 다음과 같이 썼다.

우리들의 소원을 단 한 번에

성공하지 못하면 두 번 세 번 열 번

백 번이라도 해보고 올해 안 되면

내년에 해보고 십 년 백 년이 걸려도 좋다.

우리 대代에 안 되면 아들 또 손자 대代까지 가서라도

대한독립을 되찾고야 말 것이다.

안중근 의사는 부모에 대한 효성이 지극하였다. 감옥에서 어머니에게 드린 편지와 아내에게 보낸 편지를 주제로 한 추모 행사는 많은 사람에게 감동을 주었다.

〈어머니에게 드립니다〉

불초자는 감히 어머님께 한 말씀 올리려 합니다.

엎드려 바라옵건대, 소자의 막심한 불효와 자식된 도리를 다하지 못한 죄를 용서하여 주시옵소서.

드릴 말씀은 허다하오나, 훗날 천당에서 기쁘게

만나 뵈온 뒤 누누이 말씀드리겠습니다.

부디 배려를 거두옵고 마음 편안히 지내옵소서.

〈아내에게〉

우리들은 이슬 같은 허무한 세상에서 천주의 안배로

배필이 되었으나, 다시 헤어지게 되었소.

부디 세상에 처하여 심신을 평안히 하고

영원의 낙을 바랄 뿐이오.

| 안중근 의사의 부인 김아려 여사와 두 아들

안중근 의사의 짧은 인생, 영원한 업적

안중근은 황해도 해주에서 태어나, 16세가 되던 1894년 아버지가 해주감사의 요청으로 산포군을 조직하여 동학군을 진압하려고 나서자 이에 참가하였다.

1906년 삼흥학교를 설립하고, 돈의학교를 인수하여 학교 경영에 전념하기도 했다. 항일 무장 투쟁을 시작한 후 일본군 정찰대를 공격하여 격파했다.

1909년 10월 26일 이토 히로부미를 태운 열차가 만주 하얼빈역에 도착하여 러시아 장교단을 사열하고 군중 쪽으로 발길을 옮기는 순간, 안중근 의사가 권총 세 발을 쏴 모두 명중시켰다.

현장에서 체포되어 뤼순 감옥에 수감된 후 1910년 3월 26일 32세의 젊은 나이로 형장에서 순국하였다.

02 영원한 거인

안중근 의사는 대한제국의 국운國運이 꺼져가는 길목에서 민족의 원흉인 이토 히로부미를 눈 깜짝할 사이에 저격한 불멸의 영웅이자 영원한 거인巨人이다.

안중근 의사가 뤼순 감옥에서 남긴 유묵들은 '안중근의사유묵安重根義士遺墨'이라는 이름의 문화재로 지정되었다. 이는 안중근 의사가 이토 히로부미를 저격하고 뤼순 감옥에서 순국할 때까지 옥중에서 생전에 쓴 휘호 붓글씨, 그림을 일괄해서 지정한 것이다.

이 유묵 25점의 소재와 소유자가 서로 다르고, 형식도 일치하지 않아서 25점이 모두 569호라는 동일한 번호의 문화재로 지정되고, 다시 569-1, 569-2, 569-3호 등의 순번으로 이어졌다.

이들 유묵의 붓글씨를 쓴 종이는 중국 안휘성 선성현에서 만든 한지로, 품질이 우수한 선지^{宣紙}이다.

유묵은 거의 다 두 줄로 내려쓰되, 왼쪽에는 '경술삼월 뤼순옥 중 대한국인 안중근 서' 곧 '庚戌三月 旅順獄中 大韓國人 安重根 書'라고 붓글씨로 쓴 뒤 낙관 대신에 왼손 약손가락의 끝 마디를 잘라 단지 동맹을 한 손으로 장인^{掌印(손바닥 도장)}을 찍어 놓았다.

글을 쓴 때와 장소를 기록하고 장인을 찍어 안중근 의사의 유묵임을 확실히 밝혔다.

'경술년 2월 뤼순옥중 대한국인 안중근 서' 는 1910년 2월 뤼순 감옥에서 대한국인 안중근이 썼다는 증거이다.

이 가운데 대표적인 것으로는 보물 제569-1호인 '백인당중유 태화(百忍堂中有泰和)', 보물 제569-2호인 '일일부독서 구중생형 극(一日不讀書 口中生荊棘)', 보물 제569-14호인 '제일강산(第一 江山)' 등이 유명하다.

백인당중유태화(百忍堂中有泰和)는 1910년 2월 뤼순 감옥에서 쓴 것으로 유묵 569-1호인데, 백 번 참는 집안에 큰 평화가 있다는 뜻이다. 인내를 강조한 내용으로 선현들이 남긴 글귀 가운데 하나 이다.

일일부독서 구중생형극(一日不讀書 口中生荊棘)은 1910년 3월 뤼순 감옥에서 쓴 것으로 유묵 569-2호인데, 하루라도 책을 읽지 않으면 입속에 가시가 돋는다는 뜻이다.

하루라도 책을 읽지 않으면 입속에 가시가 돋을 것이라는 지극히 쉬운 말을 글로 남겨 순국 전에 우리 민족에게 유묵으로 전했다. 배움에 대한 철저한 사상을 보여준 것으로 평생의 경구가 될 만한 말이다. 안중근은 이런 배움의 뿌리를 어머니로부터 받았다.

제일강산(第一江山)은 천하에 으뜸인 우리 강산을 일컫는 말로, 1910년 2월 뤼순 감옥에서 쓴 유묵 569-14호이다. 다시 가볼 수 없는 조국 강산에 대한 그리움을 표현한 글이다. 아름다운 조국의 강산을 천하제일의 강산으로 생각하고 있음을 제일강산 네 글자로 나타냈다. 글 끝에 '경술년 3월 뤼순옥중 대한국인 안중근 쓰다' 라는 한자와 장인 낙관이 있다.

이들 유묵은 하나같이 소중한 문화재인 동시에 독립운동사 연구 및 안중근 의사 개인사個人史 연구의 귀중한 자료로 평가된다.

03 위대한 발자취

　안중근 의사는 일본에게 빼앗긴 우리나라를 되찾아서 국민 모두가 자유를 누리고 행복하게 살기를 원하는 마음에서 자신의 몸을 국가와 민족에게 흔쾌히 바친 항일 애국 독립투사였다.

　우리의 역사 속에는 나라가 외세에게 침범을 당하였을 때 자신의 몸을 초개와 같이 던져 싸운 선조들이 수없이 많다. 안중근 의사는 그 가운데 한 사람으로 가장 위대한 영웅이다.

　"나는 천국에 가서도 우리나라의 독립과 국민의 자유와 인권의 회복을 위해 힘쓸 것이다. 너희들은 돌아가서 동포들에게 각각 나라에 대해 책임을 지고, 국민된 의무를 다하여 마음을 같이 하고, 힘을 합하여 공로를 세우고 업을 이룩하도록 일러다오."

　이 말은 안중근 의사가 뤼순 감옥에서 순국하기 직전에 마지막으로 두 동생에게 당부한 유언이다.

안중근 의사는 이때 유언의 말미에 "대한독립의 소리가 천국에 들려오면 나는 마땅히 춤추며 만세를 부를 것이다." 라고 하였으니, 그 얼마나 우리나라의 독립을 원하고 또 얼마나 나라를 사랑하였는가를 더불어 알 수 있다.

우리나라는 우리 국민 모두가 사랑해야 한다. 다른 나라 사람들이 대한민국 코리아를 제아무리 사랑한다 해도 소용이 없다.

벼르고 벼르던 이토 히로부미가 특별 열차를 타고 만주 하얼빈 역에 도착할 즈음, 안중근 의사는 온몸의 피가 솟구쳐 올랐을 것이다.

"만났도다, 만났도다, 원수 너를 만났도다! 2,000만 민족의 원흉 이토, 너는 이제 내 손에서 죽는다!" 속으로 쾌재를 부르며 권총의 방아쇠를 힘껏 당겼고 쏜살같이 날아간 총알은 보기 좋게 이토의 가슴 속으로 깊숙이 들어박혔다.

그리고는 나머지 네 발의 총알을 이토를 영접하는 역적들에게 안겨주었다.

하얼빈 역 1번 플랫폼에서 눈 깜짝할 사이에 벌어진 통쾌한 쾌거에 세계가 놀랐고, 중국 땅이 흔들거렸으며, 하늘도 감동하였다.

안중근 의사의 쾌거는 '남의 나라를 빼앗고, 남의 나라 국민들을 학대하는 침략주의자는 용서받을 수 없다'는 하늘의 뜻을 여지없이 보여준 것이기 때문이다.

뤼순 감옥은 본래 러시아 사람들이 지은 벽돌 감옥인데, 일본이 만주를 점령한 뒤 접수하여 크게 늘렸다. 안중근 의사는 이 감옥의 지하 특수 감방에 구금되어 있었다. 또한, 안중근 의사가 교수형으로 순국한 교수대는 뤼순 감옥에서도 가장 구석진 곳에 있었다.

다른 사형수들은 교수대에 목이 매달려 죽은 뒤에 그대로 매장하였으나, 안중근 의사는 한국식의 나무관을 마련하여 관속에 넣어 매장하였다고 전한다.

그런데도 안중근 의사의 사형 집행과 관련하여 너무나 끔찍한 사연들이 상상을 초월하는 이야기로 전해지고 있어, 민족의 영웅 안중근 의사의 순국을 더욱 안타깝게 한다. 현지에서는 엄청나게 놀라운 이야기가 전한다고 사학자들이 말하는 것이다.

안중근 의사는 너무나 잔인한 방법으로 사형되었다는 설, 상상할 수도 없는 엄청난 고문을 가한 뒤 사형을 집행하였다는 이야기, 나중에 공동묘지 무덤까지도 없애버렸다는 사실들이 바로 그런 끔찍한 이야기들이라고 사학자들은 전한다.

오죽하면 유족들이 관의 뚜껑을 뜯고라도 안중근 의사의 모습을 보고 싶다고 호소하였겠는가?

하지만 일제는 유가족의 그런 요구도, 시신 인도 요구도 모두 묵살하면서 자기들 관련자들만이 안중근 의사의 사형을 집행하고 시신을 매장하였을 뿐, 그 밖의 일은 지금까지도 전혀 알려주지 않고 있다.

위대한 영웅, 영원한 거인 안중근 의사는 어떤 고문을 당했는지, 어떻게 사형이 집행되었는지 아무도 모르는 가운데 순국하였고, 또 어디에 묻혔는지도 모른다. 그러나 그 위대한 발자취는 대한민국의 독립운동사와 함께 영원히 전해질 것이다.

04 빛나는 유묵들

안중근 의사가 뤼순 감옥에서 남긴 유묵들은 '안중근의사유묵 安重根義士遺墨'이라는 이름의 문화재로 지정되어 있다.

제569호 문화제로 지정된 뒤, 다시 제569-1호, 제569-2호 등으로 이어진 유묵들을 번호순에 따라 개별적인 명칭과 쓴 때를 정리한다.

제569-1호 : 백인당중유태화(百忍堂中有泰和) 1910년 2월

제569-2호 : 일일불독서 구중생형극(一日不讀書 口中生荊棘)
　　　　　　 1910년 3월

제569-3호 : 연연세세 화상사(年年歲歲 花相似)
　　　　　　 세세년년 인부동(歲歲年年 人不同) 1910년 3월

제569-4호 : 치악의악식 자부족여의(恥惡衣惡食 者不足與議)
　　　　　　 1910년 3월

제569-5호 : 동양대세 사묘현 유지 남아기안안
(東洋大勢 思杳玄 有志 男兒豈安眼)
화국미성 유강개 정략 불개진가린
(和局未成 猶慷慨 政略不改眞可憐) 1910년 3월

제569-6호 : 견리사의 견위수명(見利思義 見危授命) 1910년 3월

제569-7호 : 용공난용 연포기재(庸工難用 連抱奇材) 1910년 3월

제569-8호 : 인무원려 난성대업(人無遠慮 難成大業) 1910년 2월

제569-9호 : 오로봉위필 청천일장지 삼상작연지 사아복중시
(五老峯爲筆 靑天一丈紙 三湘作硏池 寫我腹中詩)
1910년 2월

제569-10호 : 세한연후지 송백지부조(歲寒然後知 松栢之不彫)
1910년 3월

제569-11호 : 사군천리 이표촌성 망안욕천 행물부정
(思君千里 以表寸誠 望眼欲穿 幸勿負情)
1910년 3월

제569-12호 : 장부수사심여철 의사임위기사운
(丈夫雖死心如鐵 義士臨危氣似雲) 1910년 3월

제569-13호 : 박학어문 약지이례(博學於文 約之以禮)
1910년 3월

제569-14호 : 제일강산(第一江山) 1910년 2월

제569-15호 : 청초당(靑草塘) 1910년 3월

제569-16호 : 고막고어자시(孤莫孤於自恃) 1910년 2월

제569-17호 : 인지당(仁智堂) 1910년 2월

제569-18호 : 인내(忍耐) 1910년 3월

제569-19호 : 극락(極樂)1910년 3월

제569-20호 : 운재(雲齋) 1910년 3월

제569-21호 : 욕보동양 선개정략(欲保東洋 先改政略)
            시과실기 추회하급(時過失機 追悔何及)
            1910년 3월

제569-22호 : 국가안위 노심초사(國家安危 勞心焦思)
            1910년 3월

제569-23호 : 위국헌신 군인본분(爲國獻身 軍人本分)
            1910년 3월

제569-24호 : 천여부수 반수기앙이(天與不受 反受其殃耳)
            1910년 2월

제569-25호 : 언충신행독경 만방가행(言忠信行篤敬 蠻邦可行)
            1910년 3월

05 주요 유묵 해설

안중근 의사가 남긴 유묵遺墨과 유언, 시詩 등은 영원히 빛나는 찬란한 작품들로, 대한민국 보물로 지정되어 있다. 1910년 2월부터 3월 순국될 때까지 뤼순 감옥에서 쓴 유묵의 일부를 소개한다.

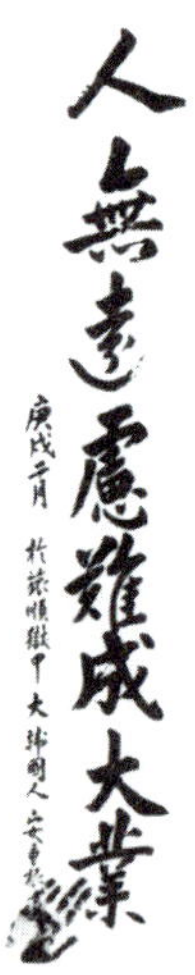

* 인무원려 난성대업(人無遠慮 難成大業)

[뜻] 사람은 멀리 생각하지 못하면 큰일을 이루기 어렵다. -1910년 2월

안중근 의사 유묵비에 새겨진 문장이다. 잔디광장에 우뚝 선 유묵비에는 안중근 의사의 옥중 육필을 새겨 놓았는데 높이 4.3m, 너비 2.6m, 두께 1.1m의 화강암 비석이다.

위대한 역사는 기억하지 않는다 해도 계속해서 반복된다. 역사 속에 상처는 영원히 지워지지 않고 유산으로 전해진다. 결코, 잊을 수 없는 역사의 교훈이기 때문이다. 그래서 모두가 가슴 깊이 새겨야 할 교훈이다.

나라와 민족을 위해 거룩하고 고귀한 희생을 한 순국선열과 호국영령들에게 깊은 존경과 감사를 드리는 까닭도 바로 그것이다.

안중근 의사를 비롯하여 수많은 국가 유공자의 희생이 있었기에 우리나라는 발전과 성장을 계속할 수 있는 것이다.

* **견리사의 견위수명(見利思義 見危授命)**

[뜻] 이익을 보거든 정의를 생각하고 위태로움을 보거든 목숨을 바치라. -1910년 3월

이는 안중근 의사가 100여 년 전에 뤼순 감옥에서 나라의 앞날을 걱정하며 조국의 독립과 민족의 행복에 대한 자신의 간절한 마음을 담아 놓은 것이다.

견리사의는 이익을 보려는 것을 비판하는 것이 아니라, 그 이익을 얻는 과정이 정당한 것인지 아닌지를 따져보라는 가르침이다. 이익이 된다고 수단과 방법을 가리지 않고 이익을 쫓으면 안 되기 때문이다.

* 용공난용 연포기재(庸工難用 連抱奇材)

[뜻] 서툰 목수는 아름드리 큰 재목을 다루기가 어렵다. -1910년 3월

자신의 능력을 생각하지 못하고 설쳐대는 사람을 경계하고 깨우쳐 주는 경구이다. 배움이란 거저 되는 것이 아니다.

오늘의 경쟁 사회 글로벌 시대를 살아가는 대부분의 젊은 사람들이 자신의 능력을 과대 포장하고 자기 선전에 열을 올리고 자기 능력을 과신하는 경우가 많다.

겸손한 자세로 근면 성실하며 인내와 끈기로 자신의 능력을 넓혀가는 사람들은 의외로 드물다. 자신의 능력을 부풀리기보다는 정확하게 파악하는 것이 더 중요하다는 가르침이다.

겸손이 미덕이던 시대에는 자신을 낮추며 살았다는데, 자본주의 황금만능 시대인

요즘은 겸손하면 바보처럼 여기는 이상한 풍조가 앞서고 있음을
이미 1세기 전에 경계한 내용이다.

*** 오로봉위필 청천일장지 삼상작연지 사아복중시**
(五老峯爲筆 靑天一丈紙 三湘作硯池 寫我腹中詩)

[뜻] 오로봉·청천·삼상과 같은 광대한
자연을 필기도구로 삼아 마음속의 시를 쓰겠
다. -1910년 2월

시에 나오는 오로봉은 다섯 명의 노인이
나란히 서 있는 듯한 중국 리산 근처의 산이
며, 삼상은 중국 남부의 양쯔강·상장·위안
장의 세 강을 가리킨다.

당나라 이백의 '망여산오로봉'이란 시에
서 인용한 것으로, 대한 남아의 기개를 꺾지
않았던 안중근 의사의 활달한 기개와 원대한
포부를 느끼게 하는 구절이다.

안중근 의사가 옥중에서 남긴 오언절구의
자작시로 쓴 것이다.

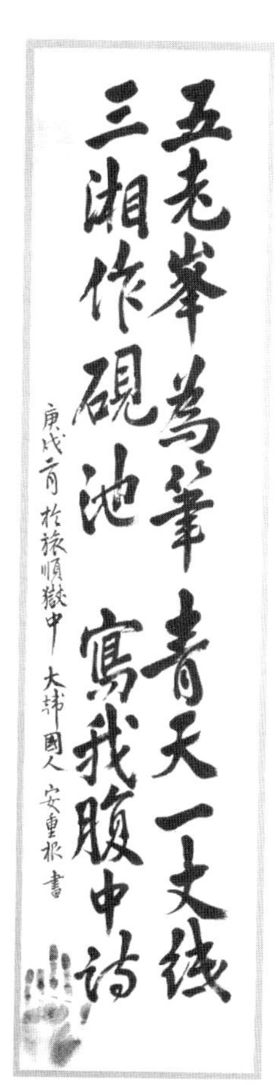

* 세한연후지 송백지부조(歲寒然後知 松柏之不彫)

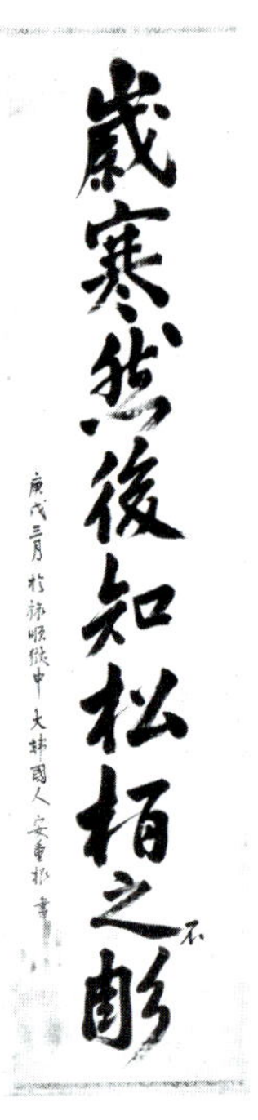

[뜻] 세밑 추위를 지난 뒤에야 소나무·잣나무가 시들지 않음을 안다. -1910년 3월

어떤 역경에도 꺾이거나 변하지 않는 굳은 절조를 의미하는 말이다. 소인과 군자라고 해도 각기 세상을 살아감에는 군자와 다를 것이 없지만, 사사로운 이해관계나 어떤 사변을 만난 뒤에는 군자의 지킴이 저절로 드러난다는 가르침이다.

어떤 어려움이나 시련이 다가온다 해도 조국의 독립과 민족의 자유, 동양의 평화를 염원하는 안중근 의사 자신의 의지에는 결코 변함이 없을 것임을 스스로 다짐하고 분명히 밝힌 것이다.

이 시에서 맨 끝에 쓴 '조彫' 자는 '시들다' 라는 뜻을 지닌 글자이다.

* 연년세세 화상사 세세년년 인부동
  (年年歲歲 花相似 歲歲年年 人不同)

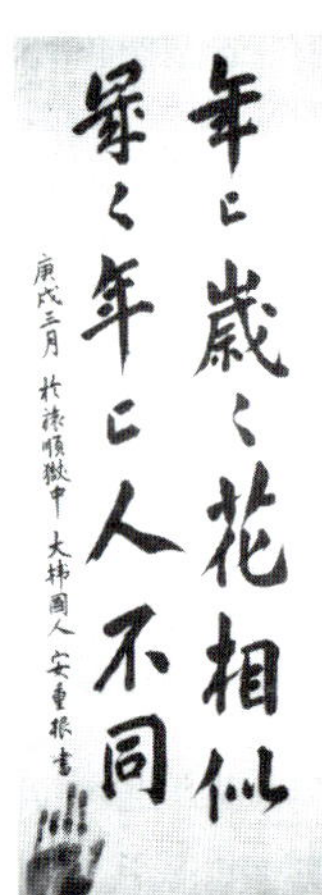

[뜻] 해마다 계절 따라 같은 꽃이 피건만 해마다 사람들은 같지 않고 변하네. -1910년 3월

자연의 섭리는 그대로라 변함이 없는데, 세월

따라 사람들은 변하고 있다는 의미로, 당시의 암울한 현실을 걱정하는 구절이다.

* 치악의악식 자부족여의(恥惡衣惡食 者不足與議)

[뜻] 궂은 옷, 궂은 밥을 부끄러워하는 자는 더 불어 의논할 수 없다. -1910년 3월

가난하고 천한 것을 결코 부끄러워하지 않는 안중근 의사의 인생관이 반영된 글이다.

* 동양대세사묘현 유지남아 기안면 화국미성유강개 정략불개진가련(東洋大勢思杳玄 有志男兒豈安眠 和局未成猶慷慨 政略不改眞可憐)

[뜻] 암담한 동양의 대세를 생각해 보니 뜻을 이루지 못하고 죽음을 맞이해야 하는 기개 있는 남아가 편안하게 눈을 감을 수가 없구나. 게다가 아직 동양 평화의 시국을 이루지 못한 것이 더욱 개탄스럽기만 하다. -1910년 3월

이미 야욕에 눈이 멀어 정략, 즉 침략 정책을

버리지 못하는 일본이 오히려 불쌍하다는 역설적인 표현이다. 안중근 의사가 뤼순 감옥에서 남긴 칠언절구의 자작 시이다.

* 장부수사심여철 의사임위기사운(丈夫雖死心如鐵 義士臨危氣似雲)

[뜻] 장부丈夫는 비록 죽더라도 마음은 쇠와 같으며, 의사義士는 위태로움에 닥치더라도 기운은 구름과 같다. -1910년 3월

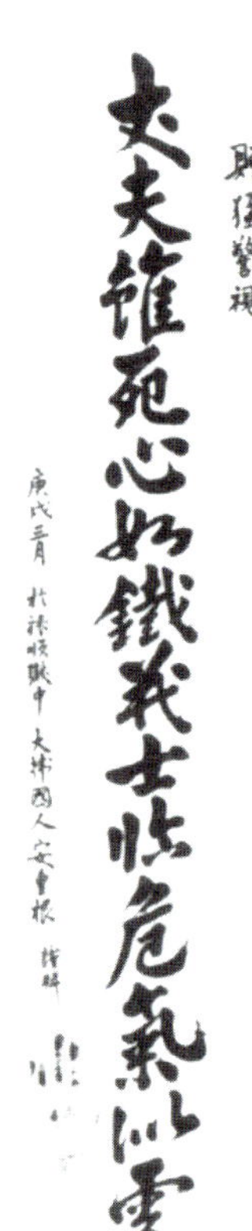

조국의 독립과 국민의 행복, 동양의 평화를 염원하는 자신은 비록 일본의 손에서 죽는다 하더라도 쇠처럼 단단한 마음을 가질 것이며, 어떤 곤란과 위험에 처한다 하더라도 구름처럼 초연할 것이라는 스스로의 다짐을 담은 시이다. 참으로 위대하고도 큰 장부이며 감히 따를 수 없는 의로운 선비의 꿋꿋한 모습을 보여주는 기개 넘치는 유묵이다.

앞쪽에 '증 맹경시贈 猛警視'라 하여 타케시에게 준다고 쓴 것으로 보아 안중근 의사를 마음속으로 존경한 일본 경관 타케시의 청을 받고 써준 것으로 알려졌다.

* 박학어문 약지이례(博學於文 約之以禮)

[뜻] 글을 널리 배우고 예로써 요약하라.

-1910년 3월

여덟 글자가 가로 33cm, 세로 138㎝ 크기의 족자로 되어 있다.

안중근 의사를 마음속으로 존경한 일본 경관 타케시의 청을 받고 써준 것으로 알려졌다.

* 고막고어자시(孤莫孤於自恃)

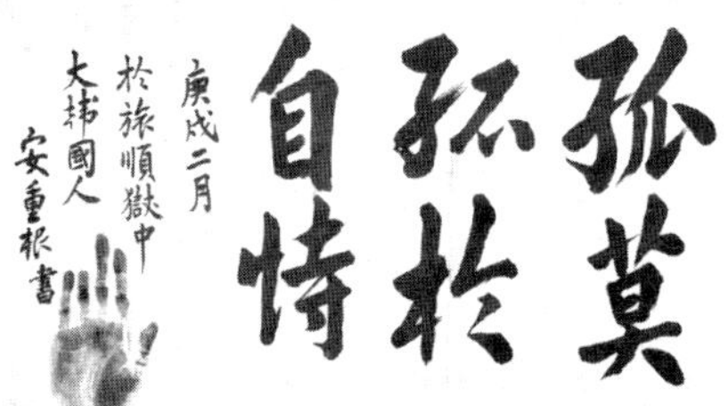

[뜻] 스스로 잘난 체하는 것보다 더 외로운 것은 없다. -1910년 2월

폭 74.9cm, 길이 39.7cm. 평소 남에게 과시하지 않는 안중근 의사의 겸손한 성품을 담은 휘호이다.

* 인내(忍耐)

[뜻] 어려움을 참고 이겨내라.
-1910년 3월

인내는 쓰지만 그 열매는 달다는 말이 있다. 어려움은 누구에게나 다가온다. 그러나 그 어려움을 슬기롭게 극복해 나가는 지혜와 노력이 필요하다는 교훈이다.

* 극락(極樂)

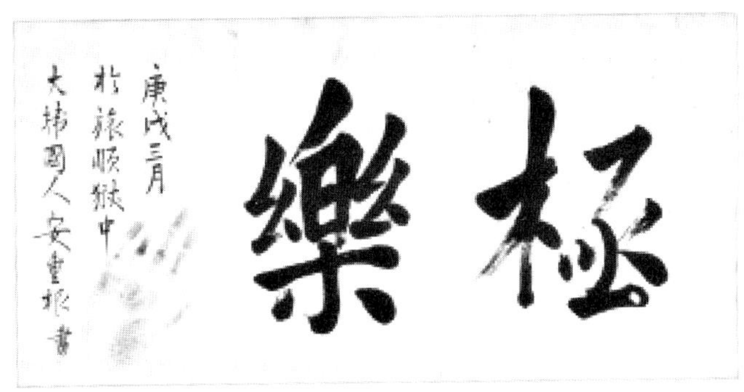

[뜻] 지극히 안락하여 근심 걱정이 없는 세계. -1910년 3월

더없이 안락해서 아무 걱정이 없는 경우와 처지 또는 그런 곳을 바라는 마음으로 쓴 것이다. 흔히 극락은 죽어서 가게 되는 곳

으로 인식하지만 살아서 생각할 수 있는 극락은 무엇이고 그런 극락은 과연 어디에 있는가를 생각해 보고 궁금하게 여기는 마음을 나타낸 글이다.

* 운재(雲齋)

[뜻] 구름에 걸려 있는 누정樓亭 -1910년 3월

운재는 누각樓閣과 정자亭子를 함께 나타내는 말이다. 여름날 비 온 뒤에 가끔 볼 수 있으나 결코 흔하지 않은 모습이다.

구름이 걸려 있는 누각으로도 표현할 수 있으니 그 얼마나 운치 있게 보일까. 안중근 의사가 옥중에서 창가로 본 하늘의 모습이 하나의 누정처럼 여겨져 글로 쓴 것인지 모른다. 한편으로는 살아서 돌아갈 수 없는 고향을 그리면서 써 본 모습일 수도 있다.

감옥에서 바라본 아름다운 운재, 그 운재를 늘 마음속에 담고 조국 광복을 그리워하였음을 알 수 있다.

* 욕보동양 선개정략 시과실기 추회하급

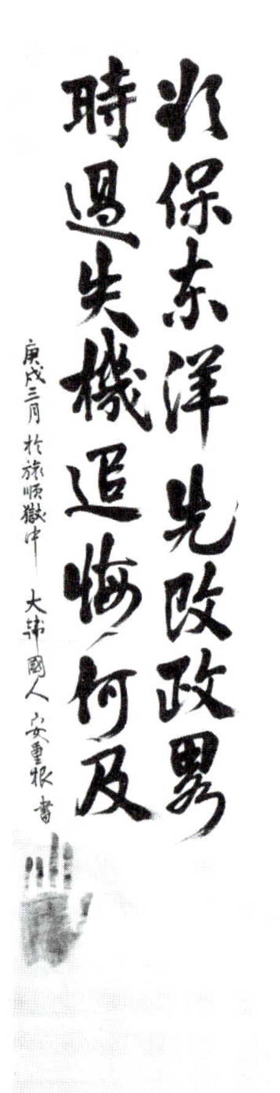

(欲保東洋 先改政略 時過失機 追悔何及)

[뜻] 동양을 보존하기를 바란다면 우선 침략 정책을 버려야 한다. 때가 지나고 기회를 잃으면 후회한들 무엇하랴!

-1910년 3월

일본의 침략 정책이 잘못된 것임을 지적하여 고칠 것을 촉구하였으며, 일본인 위정자들에게 경각심을 일깨워 주는 경구이다. 안중근 의사의 동양 평화론과 연관된 글귀이다.

이 유묵은 러일전쟁 당시 전의典醫(대한제국 때 태의원에 딸린 주임 벼슬)로 종군했다가 전쟁이 끝나자 만주 뤼순 감옥으로 전근되어 근무하던 오리타 타다스가 1910년 3월 안중근 의사의 친필을 옥중에서 받아 간직하고 있었다. 그 뒤 그의 가족이 일본으로 귀국할 때 넘겨받은 그의 조카 오리타 간지가 보관하고 있다가 단국대학교에 기증했다.

오리타 간지는 일본 대학병원 가운데 유명한 오카야마 대학병원의 암 진료 권위자로, 1989년 2월 20일 천안 단국대병원 개원 준비를 위해 일본을 방문했던 단국대학교 장충식 총장에게 기증한 유목이다.

오리타 간지는 "안중근 의사가 일본의 지도자 이토 히로부미를 저격했지만, 일본인 학자들은 안 의사를 위대한 숭모의 대상으로 여기고 있다."라고 밝혔다.

* 국가안위 노심초사(國家安危 勞心焦思)

[뜻] 국가의 안위를 걱정하고 애를 태운다.

    -1910년 3월

오른쪽 위에 '증 안강 검찰관'이라 썼다. 이는 안중근 의사의 심문 취조를 담당했던 뤼순 검찰청 야스오카 세이시 검찰관에게 써준 것이다.

야스오카는 이 유묵을 소중히 간직하고 있다가 죽기 직전에 큰딸 우에노에게 물려주었는데, 그 뒤 큰딸이 도쿄 국제한국연구원 최서면 원장을 통하여 안중근의사숭모회에 기증하였다.

*** 위국헌신 군인본분(爲國獻身 軍人本分)**

[뜻] 나라를 위해 몸 바침은 군인의 본분이다. -1910년 3월

안중근 의사가 재판을 받기 위해 공판정을 왕래할 때 경호를 맡았던 일본 헌병 치바 도시치 간수에게 써준 것이다.

치바는 안중근 의사가 처형된 뒤 자진하여 제대했는데, 그가 죽은 뒤에 이 유묵을 그의 부인과 조카딸 미후라가 보관하다가 도쿄 국제한국연구원 최서면 원장을 통해 안중근의사숭모회에 기증하였다.

*** 지사인인 살신성인(志士仁人 殺身成仁)**

[뜻] 뜻있는 선비와 어진 사람은 목숨을 바침으로써 인仁을 이룬다. -1910년 3월

고매한 인품을 지닌 지사는 국가와 민족을 위해 몸을 바치려는 사람으로서 죽을 때까지 자기의 소신을 굽히지 않고 나아가며, 절개를 지켜 목숨을 기

꺼이 바치는 것이라고 일깨워 준 가르침이다.

교육입국론敎育立國論

교육입국론은 교육으로 나라를 일으키자는 주장이다. 우리나라의 현대식 교육은 외국인 선교사들이 일으켰다. 선교사들은 1885년 배재학당을, 1886년 이화학당을 설립한 것이다.

한국인으로는 민영환이 1895년 흥화학교, 민영기가 1896년 중교의숙을 세웠고, 안창호는 1899년 점진학교를 세워 근대화 교육의 문을 열었다.

그 뒤 서광세가 1901년 낙연의숙, 전덕기가 1904년 상동청년학원을 세웠고, 1905년에는 엄주익이 양정학원을, 이용익이 보성학교를 세웠다. 1906년에는 안중근이 삼흥학교와 돈의학교를 운영하였고, 이어서 김양당의 정신여학교, 민영휘의 휘문의숙, 엄귀비의 진명여학교와 숙명여학교 등이 잇따라 개교되면서 근대 교육을 향한 한국의 사립학교 시대가 열린 것이다.

아들에게 보낸 어머니의 편지

장하다, 아들아!

네가 만약 늙은 어미보다 먼저

죽는 것을 불효라 생각한다면

이 어미는 웃음거리가 될 것이야.

너의 죽음은 너 한 사람에 관한 것이 아니라,

조선인 모두의 공분公憤을 짊어지고 있는 것이다.

네가 항소를 한다면 그것은 일제日帝에 목숨을 구걸하는 짓이다.

네가 나라를 위해 이에 이른즉 딴마음을 먹지 말고 죽거라.

조 마리아

아들이 어머니에게 드린 유서

어머니 전상서

불초한 자식은 감히 한 말씀을 어머님 전에 올리려 합니다.

엎드려 바라옵건대 자식의 막심한 불효와

아침저녁 문안 인사 못 드림을 용서하여 주시옵소서.

이슬과도 같은 허무한 세상에서 감정에 이기지 못하시고 불초자를 너무나 생각해 주시니, 훗날 영원의 천당에서 만나 뵈올 것을 바라오며 또 기도하옵니다.

현세現世의 일이야말로 모두 주님의 명령에 달려 있으니 마음을 편안히 하옵기를 천만 번 바라올 뿐입니다.

분도안 의사의 장남는 장차 신부가 되게 하여 주시길 희망하오며, 후일에도 잊지 마시옵고 천주께 바치도록 키워주십시오.

이상이 대요大要이며, 그 밖에도 드릴 말씀은 허다하오나 후일 천당에서 기쁘게 만나 뵈온 뒤 누누이 말씀드리겠습니다.

위아래 여러분께 문안도 드리지 못하오니, 반드시 꼭 주교님을 전심으로 신앙하시어 후일 천당에서 기쁘게 만나 뵈옵겠다고 전해 주시기 바라옵니다.

이 세상의 여러 가지 일은 정근과 공근에게 들어 주시옵고 배려를 거두시고 마음 편안히 지내시옵소서.

아들 도마 올림

안중근 의사 연보

- 1879년 9월 2일 황해도 해주시 광석동 출생

  응칠應七이라고 이름 지음

- 1886년 황해도 신천군 청계동으로 이사. 한학 수학

- 1893년 할아버지 안인수 사망

- 1894년 김아려와 결혼, 응칠을 중근重根으로 고침

- 1896년 천주교에 입교, 세례받음 세례명 토마스

- 1905년 아버지 안태훈 사망, 상하이를 다녀옴

- 1906년 삼흥학교, 돈의학교 운영, 서북학회에 가입

- 1907년 석탄회사 삼합 설립, 일제가 대한제국 군대 해산시킴,

  북젠다오를 거쳐 블라디보스토크로 망명

- 1908년 의병을 일으킴, 대한의병 참모중장이 됨

  함경북도 경흥·회령 등지에서 일본군과 싸움

- 1909년 단지 동맹 결성

  하얼빈 역에서 이토 히로부미 저격, 현장에서 체포됨,

  뤼순 감옥에서 《동양 평화론》 저술 시작

  《안응칠 역사安應七歷史》 자서전 집필

◆ 1910년 일본 재판부에서 사형선고 받음

　　3월 26일 32세로 순국

　　유묵 25점이 문화재제569호로 지정됨

◆ 1962년 대한민국 건국공로훈장 중장重章 추서

◆ 1970년 서울 남산 분수대 옆에 '안중근의사기념관' 건립

| 안중근 의사 기념관

민족정기를 드높인 대한국인

안중근 리더십

초판 1쇄 인쇄 2013년 12월 6일
초판 1쇄 발행 2013년 12월 11일

지은이 | 박정태
펴낸이 | 박정태
편집이사 | 이명수   감수교정 | 정하경
책임편집 | 김안나   편집부 | 전수봉, 위가연
마케팅 | 조화묵, 고범석   온라인마케팅 | 김찬영, 박용대

펴낸곳   BOOK STAR
출판등록   2006. 9. 8. 제 313-2006-000198 호
주소   경기도 파주시 문발동 파주출판문화도시 500-8
              광문각 B/D 4F
전화   031)955-8787
팩스   031)955-3730
E-mail   Kwangmk7@hanmail.net
홈페이지   www.kwangmoonkag.co.kr

ISBN   ⓒ2013, 박정태
              978-89-97383-23-8   44040
              978-89-966204-7-1   (세트)
가격   12,000원